輕鬆掌握
日本
三大幕府

一冊讀懂室町時代

【監修】大石學

遠足文化

目次

室町時代的天皇・將軍

※ 數字為代數。
南：南朝
北：北朝

年	天皇		將軍
1338	後醍醐96（南1）1318～	光明（北2）1336～	足利尊氏①
1339	後村上97（南2）		
1348		崇光（北3）	
1352		後光嚴（北4）	
1359			足利尊詮②～1367
1368	長慶98（南3）		足利義滿③
1371		後圓融（北5）	
1383	後龜山99（南4）	後小松（北6）1382～	
1392	※1392年 南北朝統一	後小松（北6）→100	
1394			足利義持④
1412		稱光101	
1423			足利義量⑤
1426			※空位
1428		後花園102	
1429			足利義教⑥
1442			足利義勝⑦
1448			※空位
1449			足利義政⑧
1464		後土御門103	
1473			足利義尚⑨
1490			足利義材⑩
1494			※空位
1495			足利義澄⑪
1500		後柏原104	
1508			足利義稙（義材）⑩※第2回
1521			足利義晴⑫
1526		後奈良105	
1546			足利義輝⑬～1565
1557		正親町106	
1567			※空位
1568			足利義榮⑭→足利義昭⑮
1586		後陽成107	足利義昭⑮
1588			※義昭退位

前言

prologue

世界洪流中的室町時代

自足利尊氏於一三三六年（建武三年）開室町幕府，至一五七三年（天正元年）織田信長將足利義昭驅逐，幕府宣告滅亡的這兩百三十七年之間，稱為「室町時代」。一般多半會將這個時代區分為自室町幕府成立到天皇家分成南・北朝對抗（一三九二年之前）的「南北朝時代」，以及應仁・文明之亂發生後幕府失去權力，全國持續戰亂（一四六七～一五七三年）的「戰國時代」，不過，本書將包括室町幕府存在的南北朝時代及戰國時代都視為「室町時代」。

那麼，各位在聽到「室町時代」時所想像的是什麼呢？或許沒辦法立刻回答吧！室町時代的歷史在日本國民義務教育中也學過，足利義滿、足利義政這幾個名字大家應該都有印象，但與戰國時代相較，在大河劇或其他媒體上較少被提及，知名度似乎略遜一籌。

在背景上，室町時代有種「人際關係與勢力分布等一言難盡」的狀況。尊氏建立室町幕府的時期，正是稱為南北朝的時代。一三九二年（明德三年），足利義滿一度統一了南北朝，之後卻無法壓制包括守護大名等各方勢力，最終爆發出種種內鬥，像是應仁・文明之亂，以及由管領細川政元之手廢立將軍的明應政變等。

另一項特色則是京都的政變與地方有著密切相關性。從關東開始，延伸到各地，引發同時多起包括幕府對守護、守護對國人等等架構下的各種內鬥與戰爭，且各自都有深入的連動關係。

此外，像是「鎌倉府」這類地方政權，或是一揆等對抗幕府的地方勢力出現，不但顯示各地的發展，這一點也助長了情勢的複雜程度。平民百姓自行聯合成立的「惣村」，以及工商界打造的同業組織「座」，這些都讓自主、自立的風潮愈來愈強。

另一方面，當時日本社會對世界開放也是時代的特徵。透過日明貿易、日朝貿易、南蠻貿易，進行活絡的國際交流。要了解室町時代，就必須依循當時的國際情勢，探討「世界洪流中的室町時代」。

在歐洲，這個時期英國與法國之間開啟了百年戰爭，黑死病大流行，種種事態都讓社會陷入不安。神聖羅馬帝國內部諸侯鬥爭，伊比利半島上則進行著由天主教徒向伊斯蘭勢力討回土地的「收復失地運動」。另一方面，過去握有絕對權力的羅馬教宗勢力逐漸衰弱，復興古典文明及找回人文精神的「文藝復興運動」也出現在這個時代。其後，教宗權勢不復以往，也連帶影響由馬丁・路德（Martin Luther）發起的「宗教改革」，致使基督宗教世界出現重大變化。

除了歐洲之外，這個時代也有許多帝國成立。一三〇〇年左右，鄂圖曼帝國（現今土耳其一帶）建立，打倒了原先統治從東歐到西亞地區的東羅馬帝國。在印度，以德里為根據地的五個王朝成立了德里蘇丹國，然而最終遭到成長為大帝國的蒙兀兒帝國所滅。

中國與朝鮮半島在室町時代初期也陷入戰亂，直到明國與朝鮮王國建立之後，與日本也有深入的互動。

到了室町時代的後半，一群天主教傳教士來到日本，其中以出身西班牙的方濟・沙勿略（Francisco Javier）為代表人物。他們來到日本的背景，就是以哥倫布、麥哲倫這些航行者聞名的「大航海時代」來臨。

隨著科技進步、對亞洲大陸的濃厚興趣，以及收復失土運動成功後天主教積極往海外傳教等，因著各式各樣的目的，葡萄牙與西班牙爭相派遣船隻出海。美洲大陸的阿茲特克帝國、印加帝國等，都遭到西班牙以侵略或虐殺的殘忍方式征服。一路南下的葡萄牙則在非洲大陸以黑奴貿易大大獲利。另一方面，日本透過傳教士獲得了以「鐵炮」（槍械）為代表的歐洲工具與知識，並納入一般社會。戰國大名之中也有人信奉天主教，成為「切支丹大名」。作戰時各陣營是否擁有鐵炮左右了勝敗，由此可知，接觸西方文化成了改變時代的契機。

總而言之，日本在室町時代迅速拉近了與世界的距離，出現了前所未有的頻繁交流。當時的權力人士無不積極與「世界」接軌，試圖順利度過這個動亂的時代。

鎌倉幕府的滅亡

室町幕府的成立，與鎌倉幕府滅亡前的一連串事件有著很深的關係。源賴朝當年以相模國鎌倉（現今神奈川縣鎌倉市）為根據地建立的，就是鎌倉幕府。賴朝直系的源氏將軍僅僅維持了三代便就結束，真正的實權都掌握在位居輔佐將軍一職「執權」的北條家手中。鎌倉幕府歷經了與天皇對戰的「承久之亂」，以及蒙古（後來以「元」為國號）進犯的「文永・弘安之役」等多次危機，一路發展。然而，鎌倉幕府從一二八一年（弘安四年）擊退蒙古之後，勢力逐漸衰弱。

鎌倉幕府式微的背後有諸多原因，一般常指出的，像是「北條氏及其一族在政治上的腐敗」、「元國襲來造成御家人（侍奉幕府將軍的武士）的窮困」、「出現了導致政局不安的『惡黨』」、「窮困的武士跟不上貨幣經濟發展」、「氣候變遷等天災造成糧食缺乏」、「西國、九州統治的失敗」等等。幕府在向心力低落的同時仍持續擬定對抗逐漸壯大的惡黨，最後不敵惡黨的勢力。

另一方面，與惡黨同樣讓幕府傷透腦筋的，還有天皇家的內鬥。承久之亂後，幕府加強對皇室的介入，只是在表面上仍相當融洽。然而，在重視與幕府間和諧的後嵯峨上皇過世之後，皇室便陷入了分裂。一派是後嵯峨皇子．後深草天皇的「持明院統」，另一派是後深草之弟．龜山天皇體系的「大覺寺統」，兩派為了爭奪皇位展開激烈對立。

一三一七年（文保元年），雙方在「文保和談」中談定，由後醍醐（大覺寺統）繼承現任花園天皇（持明院統）之位，讓局勢暫時穩定下來。後醍醐繼任後，在一三二一年（元亨元年）展開天皇自行理政的「親政」，以平安時代的朝廷為藍圖，力圖政治革新。然而，一三二四年（正中元年），後醍醐的倒幕計畫遭到幕府懷疑，涉及的武士陸續受到懲治。這次風波稱為「正中之變」，最後裁定後醍醐本身並未參與陰謀，獲判無罪。

因為正中之變，原先暫時平靜的皇位爭奪再掀波瀾。幕府決定立持明院統的量仁親王為皇太子，而非後醍醐皇子尊良親王、世良親王繼位。這讓對持明院統及其後盾，也就是幕府懷有反感的後醍醐，自此堅定倒幕的意志，並動員楠木正成等有力惡黨準備發兵。結果後醍醐的倒幕計畫再次為幕府知悉，這次本人也遭到逮捕。幕府逼迫後醍醐退位，另立光嚴天皇（量仁親王）繼位。後醍醐最後則被流放到隱岐國（今島根縣）（元弘之亂）。

這起事件的隔年，一三三二年（元弘二年），各地反抗幕府的勢力逐漸崛起。惡黨楠木正成正式出兵後，後醍醐皇子護良親王代替已流放到隱岐國的後醍醐，登高一呼集結各路反幕府勢力。看到這個好機會的後醍醐也趁此逃出隱岐國，命令各地勢力討發北條氏。

在局勢變得嚴峻之前，幕府曾派出以足利尊氏為主的大軍從東國前往畿內，豈料尊氏竟背叛幕府。新田義貞呼應尊氏，在東國出兵，兩者由東西夾擊幕府。尊氏最後攻陷負責幕府西國統治的六波羅探題，義貞則率領東國武士進軍鎌倉。終於在一三三三年（元弘三年），義貞攻陷鎌倉，迫使鎌倉幕府滅亡。後醍醐宣布廢除光嚴天皇，以天皇為中心的新政治「建武新政」自此展開。

第一章

室町幕府的成立

「三年天下」即告結束——建武新政

一三三三年（元弘三年）展開的「建武新政」，特色就是有許多來自後醍醐天皇的「改革」。後醍醐致力加強天皇權限，制訂土地所有權只能由「綸旨」（天皇命令文書）認定。天皇一手管理土地所有權，實質上否定了幕府及院（上皇、法皇等前天皇）的權利。

此外，後醍醐也廢除了攝政、關白。後醍醐將由特定家系取得中央政治官職的世襲制，也就是「官司請負制」，改為由他任命各項官職，試圖以此切割家系與官職。針對名存實亡的八省（中務省、式部省、治部省、民部省、兵部省、刑部省、大藏省、宮內省），任命過去主導政治中樞、掌控八省的大臣級高級貴族為長官。由此可知，後醍醐的目的果然是在切割家系與官職，並由天皇本人直接掌握各省。

後醍醐在地方管理上也實施了根本上的改革，從中央派遣的行政官「國司」，定位為管理地方的關鍵。這讓過去擁有比國司更高權力，也就是身為掌控一國實質統治權「知行國主」的貴族們，在經濟上大受打擊。隨著諸多政策的推動，新政府也設置了大量行政機構。像是決定國政重要事項的「記錄所」、解決領地問題做出裁決的「雜訴決斷所」，以及給予倒幕功臣賞賜的「恩賞方」等。

地方上設置與國司並列的「守護」，這是自鎌倉時代即有的地方軍事統率行政機構；奧羽（現在的東北地區）與關東的統治特別受到重視，後醍醐的皇子義良親王（當時六歲）與成良親王（當時八歲）分別被派到奧羽與關東。義良接受公家北畠顯家的輔佐，坐鎮「陸奧將軍府」，成良則在足利尊氏之弟直義的輔佐下，領導「鎌倉將軍府」。

面對迅速整頓政治體制的後醍醐，公家及武家都感到萬分為難。根據綸旨的土地分配引起社會混亂，領主試圖獲得所有權的認可大舉來到京都。為了讓權力集中到自己身上，反倒讓後醍醐的政治改革停滯不前。雖然有多樣化的

建武新政的組織圖

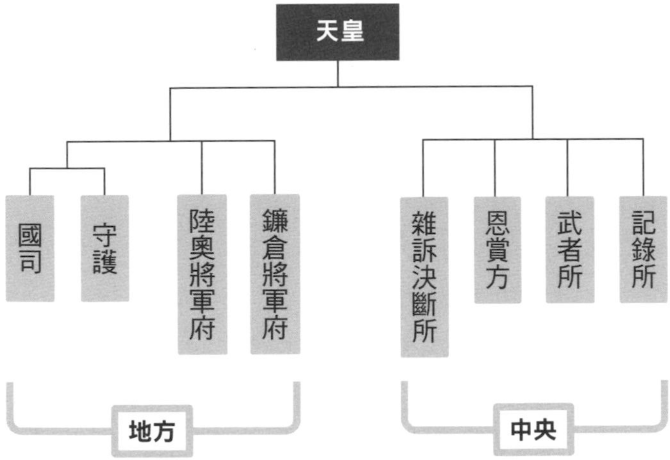

面貌參與政治，同時也讓混亂加劇。公家期待以貴族為重心的政治，武家則期望武家中心的政治，於是政權內出現了利害衝突。

此外，後醍醐為了整修大內裏（平安京皇居及其周邊）課以重稅，社會的不滿日漸升高。著名的「二條河原落書」[1]諷刺了當時混亂的社會現象，開頭便寫道，「此都最近流行夜襲強盜假傳聖旨……」這顯示了新政權混亂的實況，政治陷入危機。

在這樣的狀況下，倒幕有功的後醍醐皇子護良親王對朝廷內評價愈來愈高的尊氏保持警戒。護良認為自己統帥武家，應以武力為背景要求後醍醐任命其為征夷大將軍。然而，這卻惱怒了否定以將軍為核心的武家政治的後醍醐，導致護良因此失勢，並遭到足利直義監禁、殺害。尊氏的名聲在武家之間更加提升。

另一方面，因為不滿新政權，各地陸續出現叛亂。其中爆發最大的一場戰事，就是一三三五年（建武二年）北條時行（鎌倉幕府執權北條高時的遺孤）試圖重振鎌倉幕府的「中先代之亂」。時行擊敗了直義，並且占領鎌倉。順帶一提，「中先代」指的是介於北條氏（先代）與之後足利氏（當代）之間的時行。

尊氏對後醍醐提出任命自己為征夷大將軍並允許揮軍東國，但未得到許可便擅自出擊。經過一番激戰，擊退時行並且奪回鎌倉。然而，後醍醐無法容忍尊氏的獨斷專橫，即命新田義貞討伐尊氏。

過去，一般認為尊氏之所以反叛後醍醐，原因就在於企圖成立幕府的野心，但從尊氏奪回鎌倉之後的行為看來，與這樣的評論似乎出現了矛盾。首先，尊氏原本要遵從後醍醐的返京命令，卻因為受到直義的阻止立刻撤回。此外，當他知道後醍醐派遣義貞前來時，竟放棄對抗死守於寺內。然而，在尊氏得知同樣身為討伐對象的直義陷入苦戰後，態度有了一百八十度大轉變，主動出擊最後打敗了義貞。因為有了這樣的轉折，近年來也有人認為尊氏的謀反「只是因為疼愛弟弟，加上八面玲瓏的個性，隨著大環境情勢所致」。

尊氏在「箱根・竹下之戰」（主戰場就位於現今靜岡縣小山町竹之下一帶）中擊敗義貞，之後一路追逐落敗

此時此刻的世界大事？

1337年百年戰爭爆發

長期呈現對立的法國國王與英國國王，英國國王愛德華三世主張具備法國國王的繼承權，引發了百年戰爭。最後因為聖女貞德的出色表現，法國贏得勝利。

的義貞到了京都。尊氏雖然在京都也擊敗了義貞，情勢卻在北畠顯家上京後出現逆轉，尊氏隨後逃往九州。但尊氏在肥後（現今熊本縣）與菊池武敏率領的大軍對戰，在這場「多多良濱之戰」中取得勝利後扭轉局勢，成功收服了九州大半的勢力。尊氏揮軍向東，與楠木正成在「湊川之戰」（湊川在現今兵庫縣神戶市）中對峙。據說正成擬定的作戰計畫是將敵軍引入京都進行包圍後再殲滅，卻遭到眾公家無視，最後只能在京都城外決戰的正成敗死。尊氏進入京都之後，擁立持明院統的光明天皇即位，制訂了政治基本綱要「建武式目」，於一三三六年（建武三年）建立室町幕府。

另一方面，離開京都的後醍醐主張「我才是正統天皇」，於奈良的吉野（現今奈良縣吉野町）另組朝廷。後醍醐雖在一三三九年（曆應二年）逝世，但在此之後，政權分成南（吉野朝廷）北（京都朝廷）兩處，進入了同時有兩位天皇在位的南北朝時代。

主導建武新政的後醍醐，後世對他的評價因為時代與研究者而出現很大分歧。過去一般認為就像「二條河原落書」所呈現的，認為後醍醐是帶來政治紛亂、與時代背離且行事保守的天皇。另一方面，也因為後醍醐重用惡黨、非人[2]，以及被視為「邪教」的宗派僧侶，有些人認為他是「異類天皇」。近年來，愈來愈多人指出，後醍醐的改革其實是參考中國的宋，目的是建立完整的君主獨裁型政權，想法相當先進。

話說回來，實際上這個政權才短短三年就宣告滅亡，可說後醍醐的理想在具體成形之前就已破滅。

1 隨手張貼的二條河原的字條。

2 舊時日本底層的社會階級。

兄弟相殘——觀應之亂

南朝與北朝的戰爭大致上是以足利尊氏支持的北朝優勢推進。奉後醍醐之命嘗試再度上洛的北畠顯家，年僅二十一歲就戰死，沒多久之後新田義貞也戰死，南朝在後醍醐過世之前已經失去了多位重要人物。自此之後，南朝就以顯家之父北畠親房為主，展開膠著多時的戰事。

另一方面，室町幕府的尊氏在一三三八年（曆應元年）就任征夷大將軍，政務則由尊氏與直義兩兄弟主導。尊氏主掌軍事指揮權，直義則執掌行政、司法等相關事務（但近年來也有人認為實質上的最高掌權者是直義而非尊氏）。

然而，直義與消滅顯家及楠木正成之子正行、且擁護新興武士的幕府執事（政所、問注所[3]長官）高師直並不和睦。兩人對立的原因，有一種說法是尊氏為了防止直義將權力轉讓給自己的親生兒子，並希望能將大權順利移交給尊氏、直義接班人足利義詮，因此挑撥師直與直義產生矛盾。

直義罷免師直，將他趕下執事寶座之後，師直發動軍事力量展開反擊，成功推動政變並逼得直義退位。

優柔寡斷的尊氏，起先還旁觀兩者的對立，但一聽到尊氏之子直冬在九州大張旗鼓，立刻下令鎮壓。由於在討伐直冬之前，直義已往南朝逃奔，基於「敵人的敵人就是朋友」，最終演變為「尊氏」對抗「直義．直冬」的局面。這番戰事擴及全國，直到一三五〇年（觀應元年）發展為史上所稱的「觀應之亂」。

在北朝失去立足之地，無奈投奔南朝的直義，似乎像是情急之下用掉最後一張王牌，投誠南朝之後對於戰事的態度也趨於消極。但因為直義的轉向，讓南朝一度在戰況上占了優勢。尊氏向直義提出和議，條件是高師直與師泰兄弟出家，直義也接受了。但就在師直與師泰返回京都的途中，遭到南朝

此時此刻的世界大事？

1351年爆發紅巾之亂

元所統治之下的中國，發生了以白蓮教教徒主導的紅巾之亂。眾人對於引發戰亂的動機有各種見解，例如「農民為了抵抗來自地主的壓榨」、「不滿蒙古人的統治」等。朱元璋（明的開國皇帝）也在加入之後聲勢提升。

上杉・畠山軍的埋伏並殺害。可以推測是直義在背後授意，旨在消滅政敵。

結果導致高氏一族大受打擊，一三五一年（觀應二年），直義與尊氏之間協議後達成「和平」，但對立的南朝與北朝始終交涉得不順利。尊氏的繼承者足利義詮，對於政務的參與愈來愈積極，與直義形成對立。兩者的不睦使得和平瓦解，曾在北朝活躍的播磨國（現今兵庫縣西南部）守護赤松則祐轉投南朝，起兵叛變。則祐的岳父佐佐木道譽等北朝有力人士也紛紛回到自己的領地。

直義看到尊氏向道譽所在的近江國（現今滋賀縣）出兵，而義詮也決定出兵前往播磨國，認為這是「試圖夾擊人在京都的我」。於是，直義逃出京都，前往直義派武將眾多的北陸，重整軍勢，卻在近江國一戰敗給尊氏軍，繼續撤退到效忠於直義的上杉憲顯領地鎌倉。

尊氏透過敵對的則祐向南朝提出和議，最後達成南北朝暫時統一，史稱「正平一統」。

尊氏為了追擊直義自京都出兵，兩軍前後於駿河國薩埵山（現今靜岡縣靜岡市）、相模國早川尻（現今神奈川縣小田原市）交戰，由尊氏獲得勝利。直義雖向尊氏投降，卻在一三五二年（正平七年）突然身亡。至於死因，有人說是急病，也有遭到毒殺的說法。

觀應之亂雖因直義死去而告一段落，卻未見「和平」到來。北朝方面提出投降，但當南朝後村上天皇一解除尊氏的征夷大將軍職務，南朝軍便立刻對鎌倉發動攻勢，試圖一舉消滅北朝勢力，也造成北朝起之抵抗。這麼一來，正平一統宣告破局，再次陷入全國規模的戰亂。然而，曾是尊氏與義詮對手的新田義貞、楠木正成、足利直義等人，這些過去活躍的南朝大將已不復存在，戰亂的規模也逐漸縮小。南北朝時代之後又持續了四十年左右，但再也沒有出現像觀應之亂如此大規模的戰爭。

尊氏與直義的進攻路線

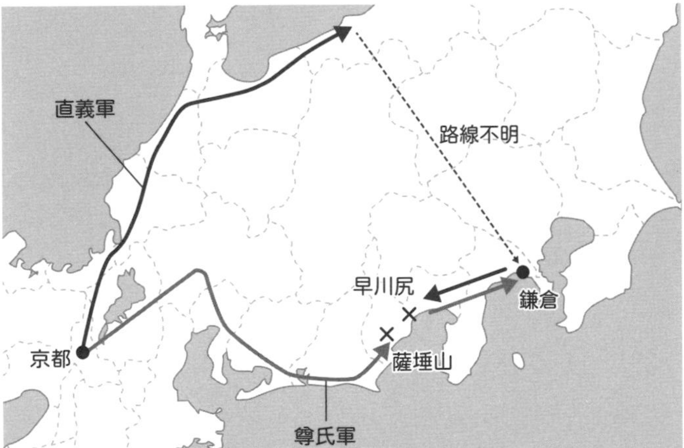

尊氏與直義這對兄弟，或許並不是為了相爭而爭。但在時代的潮流與周遭人際關係等大環境的影響下，最後走向悲劇性的結局。

3 也就是掌管包括訴訟及財政事務。

因戰爭改變的社會——南北朝時代的武士

南北朝時代，武士的繼承方式從多名子女均分財產的「分割繼承」，轉變為由一名子女（多為長男）繼承財產的「單獨繼承」。本家與分家的連結逐漸薄弱，成了比起血緣更重視地緣的社會。本家與分家在南朝和北朝分裂相爭並不罕見，另外戰亂擴大且長期化也是原因之一。

另一方面，幕府也因應社會的變化，為了統領地方的武士，相較於鎌倉時代更加擴大了守護的權力。除了督促地方武士進入京都護衛的大番役，以及謀反者、殺人者的搜索及逮捕等，也就是「大犯三條」之外，另外還有刈田狼籍（為主張紛爭中的土地所有權，而任意收割田中稻米的行為）取締權，以及使節遵行（執行幕府判決結果）權。

一三五二年（觀應三年），幕府以調度軍費為理由，發布了「半濟令」，讓部分地區的守護以一年為限，可以在領國內的莊園、公領地徵收一半的年貢。之後，隨著戰亂擴大及長期化，各地的守護都希望能適用半濟令，這個制度遂成為常態。到了一三六八年（應安元年），更發布了允許土地分割的「應安半濟令」，守護的權限進一步擴大。

除了半濟令，因為走向衰退的莊園領主委託守護進行年貢徵收業務的「守護請」，使得守護累積了一定的經濟實力，並且吸收了國衙（國司施行地方政治的行政機構）的功能，也加強對莊園的控制。在得以控制土地的室町時代守護，稱為「守護大名」，而以守護大名為核心的統治體系也稱為「守護領國制」。

話說回來，南北朝時守護的地位其實比想像中來得更不穩定。雖然多數守護都是從足利氏一門的人物中任命，但只要無法順利率領武士，就會毫不留情遭到解任。最終能穩坐守護之位貫穿整個南北朝時代的，也僅有斯波、細川、畠山、一色、今川、澀川這六個氏族。

隨著南北朝的戰亂逐漸平息，守護解任的狀況也愈來愈少，守護一職也開始世襲化。領地的治理穩定之

此時此刻的世界大事？

1368年明帝國建國

參與紅巾之亂並大大增進實力的朱元璋，之後陸續打倒各路勢力消滅元國，開創明國。出身貧困農家卻成功出人頭地的朱元璋，以獨裁皇帝之姿建立多項制度，打造了維持將近三百年的大國。

後，守護自己就長期留在京都參與幕政，將領地的管理交給代理的「守護代」。

權限擴大的守護將周圍的武士全納入統治，但並非所有武士都會成為守護忠心的家臣。紮根於各地、保有各自勢力的武士稱為「國人」，這些武士以解決國人之間的紛爭、促使農民服從為目的，之後逐漸形成一群國人的團體，稱為「國人一揆」，聯合對抗守護的統治。

「室町殿」之確立——南北朝統一

一三五八年（延文三年），尊氏五十四歲時因為背部長了腫瘤而亡。坐上第二代將軍寶座的是尊氏的長男足利義詮，自父親一代就在進攻南朝上有所貢獻。與南朝之戰大體上來說是室町幕府占有優勢，在長年來讓幕府傷透腦筋的南朝地區五國（丹波國、丹後國、因幡國、伯耆國、美作國（現今京都府中部、兵庫縣中東部、京都府北部、鳥取縣東部、鳥取縣西部、岡山縣東北部））的守護山名時氏，與西國重鎮周防、長門國（現今山口縣南部、山口縣北部與西部）守護大內弘世等強敵先後投降，南朝一方的強大勢力消退，逐漸實現「和平」。

一三六二年（康安二年），義詮任命足利一門望族斯波義將為管領[4]（較原先的執事加強權限後的職務），實際上由其父親斯波高經代替當時十三歲的義將，主導重新打造幕府體制。

由於幕府內部權力鬥爭，導致高經、義將父子失勢，一三六七年（貞治六年）由細川賴之繼任管領。在這一年，義詮因患重病，將十歲的長男足利義滿託付給賴之之後便身亡。

身為輔佐將軍的後見役，賴之握有分配政務的權限，可以指揮幕府。在賴之的時代，幕府最大的隱憂就是九州情勢。以後醍醐皇子懷良親王為主的南朝勢力持續成長，在壓制九州的同時也威脅京都，另一方面，尊氏與直冬轉進九州又讓局勢變得更加複雜。

一三七一年（應安四年），賴之將九州納入幕府的統治之下，並派遣足利一門的今川了俊到九州。經過一番激戰，了俊攻破懷良親王等人的統治據點大宰府（設置於筑前國〔現今福岡縣〕的地方官廳），對九州的南朝勢力造成極大打擊。

然而，一三七七年（永和三年），因為在越中國（現今富山縣）發生了一場小風波，致使賴之與斯波高經之間的關係急速惡化。幕府要角的對立讓多位大名也選邊分站兩陣營，最終發展到一觸即發的態勢。長大成人在

此時此刻的世界大事？

1378年天主教會大分裂

羅馬天主教教宗權衰退，1378年選舉新教宗時出現教會分裂。在羅馬有烏爾巴諾六世（Urbanus PP. VI），法國的亞維儂則有克萊孟七世（Clemens PP. VII），同時出現了兩位教宗的異常現象，自此進入教會分裂的時期。

政治上也開始展現個人意志的第三代將軍義滿，起初的態度是擁護自己的輔佐者賴之，聲討反賴之派，但面對強勢的反賴之派，最後仍舊放棄。賴之失勢之後，由斯波義將接任管領。這起事件史稱「康曆政變」，也有史料顯示，是不滿賴之長期掌權的義滿在背後參與此一事件。

一三七八年（永和四年），義滿入住京都花之御所（室町殿），自此之後，直到十五代的這些足利家將軍，皆以此作為基本行使政務的據點，這段時期的幕府也因此稱為「室町幕府」。

義滿在公家社會的地位也變得舉足輕重。一三七八年（永和四年），義滿就任權力大於征夷大將軍的「右近衛大將」，一班公家等於成了義滿的家臣，而義滿在面對公家有缺失時加以斥責。其後，

南朝與北朝對立的過程

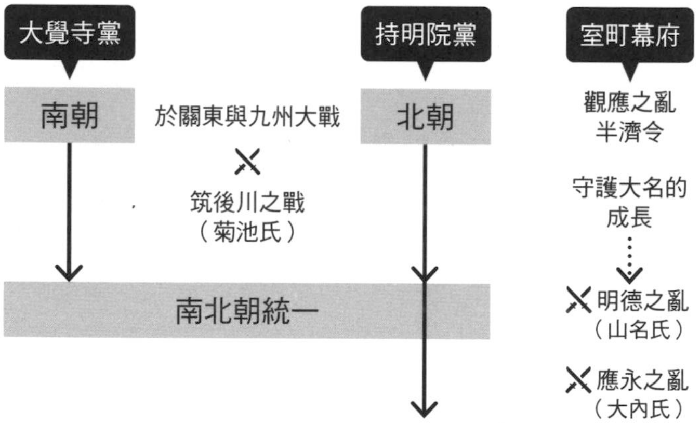

義滿並兼左大臣，獲得的不只官位，實際上的行動已經與公家無異。

一三九二年（明德三年），義滿終於正式進入與南朝的和議。由於南朝勢力逐漸衰弱，交涉順利進行，在同年閏十月五日，南朝後龜山天皇於後小松退位，並交出三件神器（八咫鏡、草薙劍、八坂瓊曲玉），完成了「南北朝統一」。

但接下來南朝勢力卻未獲得幕府適切的對待，不但皇位皆由北朝系統的天皇獨占，南朝的眾多皇族陸續被迫出家，斷絕後代。因為這樣的處置讓南朝不再有機會復活，卻種下了之後的禍根，對幕府懷恨的南朝子孫及遺臣，不斷為復興南朝而發起動亂。

4 可謂是幕府中央最高行政官。

公開巧妙的策略——義滿與有力守護的對決

深得朝廷信賴，在幕府內也打下穩固權力基礎的義滿，卻感受到透過南北朝時代勢力增長的有力守護威脅，便對此展開反制。

身為美濃國、尾張國、伊勢國（現今愛知縣西部、岐阜縣南部、三重縣東部）三國守護的土岐氏，在當主土岐賴康死後發生內訌。義滿介入這場內鬥，導致出現了「抱持反感的土岐康行（賴康的養嗣子）企圖謀反義滿」的傳聞。一三九〇年（明德元年），義滿決定討伐康行。同族的土岐賴忠・賴益父子在與康行一戰得勝，結束了「土岐康行之亂」。最後土岐氏只留下美濃守護一職，過去掌握東海道重鎮的土岐氏勢力就此走下坡。

另一方面，在西國迅速拓展勢力，握有全國六分之一守護職而有「六分之一殿」之稱的山名氏，也為了爭奪當主寶座而分裂。一三八九年（康應元年），當主山名時義過世之後，隔年義滿就下令討伐時義之子時熙與氏之。義滿行動的背景據說是覬覦當主之位的山名師義（時義之兄）遺孤山名滿幸，與同族的山名氏清聯手，對時熙兄弟表示不滿所致。受命討伐的滿幸、氏清擊敗時熙，看似達成了「成功奪下當主寶座」的目的。然而，時熙與氏之卻回到京都，展開復權計畫。義滿要求氏清出席會談，然而氏清對於時熙兄弟向義滿提出復權話題感到不滿，試圖避開會談。義滿對此舉感到震怒。滿幸、氏清等人因此成為義滿的討伐對象，決定進攻京都。一三九一年（明德二年），爆發「明德之亂」。

在市區的戰事，因為大內義弘的奮戰而使得幕府軍獲得壓倒勝利。最後氏清戰死，滿幸逃亡。戰後，原先「六分之一殿」的山名一族守護職遭到削弱，剩下但馬國、因幡國、伯耆國（現今的兵庫縣北部、鳥取縣）。

這次在明德之亂表現活躍的大內義弘，取代了沒落的山名氏成為強勢的大名，但諷刺的是，這股勢力過於強大後，與義滿之間的關係也逐漸惡化。

一三九八年（應永五年），奉義滿之命出征九州的義弘，聽到流言稱義滿對於此番討伐對象少貳氏與菊池氏

此時此刻的世界大事？

1392年朝鮮建國

過去接受元國統治的高麗，在元國勢衰之後，國內分裂為親元派與反元派。因討伐倭寇（海盜）而崛起的李成桂，背叛親元派的國王——昌王，發動了政變，建立了親明政權。1392年建立朝鮮王朝，登基為國王。

下達了「討伐義弘」的命令。義弘在起疑之下不服上洛的要求，並且拒絕了義滿多次勸說。終於與統治關東的室町幕府機構「鎌倉府」長官——鎌倉公方足利滿兼聯手，策劃反叛，開始集結一股反義滿的勢力。

事態發展至此，義滿也放棄勸說義弘，在堺（現今大阪府）拉開了「應永之亂」序幕。面對幕府大軍，義弘軍頑強對抗，卻在遭受數度攻擊後義弘戰死，亂事結束。

目前仍不確定義滿是否真的命令少貳氏、菊池氏等九州勢力討伐義弘，但這場亂事之後，大內氏的勢力縮減，局勢確實朝對於義滿有利的方向發展。在義滿的時

應永之亂的對立結構

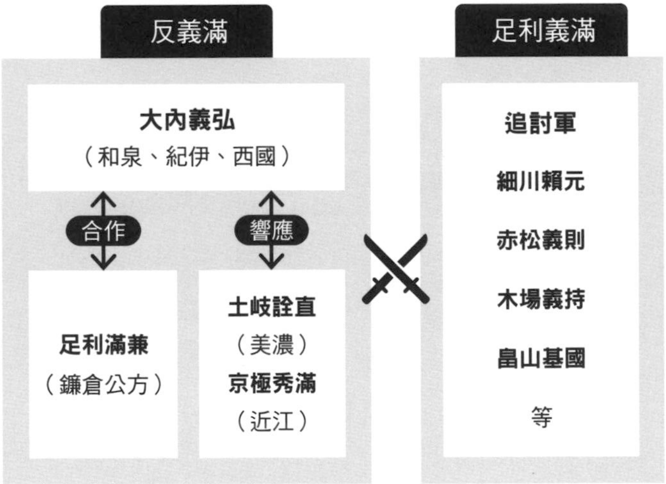

代，因為有力守護大名的勢力遭到削弱，使得掌握朝廷、武家的義滿有著絕對強勢的權威，此外，面對不穩定的鎌倉府，義滿並未展現與之對決的態度，關東的相關問題得以擱置。

展望進入「國際社會」——日明貿易

尊氏為告慰後醍醐亡靈而打造天龍寺（位於現今京都府），為了籌措營建的資金，自一三四二年（康永元年）起，多次派遣天龍寺船前往元國。然而，隨著元國勢衰，日中交流也逐漸走下坡。

日中交流的轉機出現在一三六八年（貞治七年），也就是元國滅亡、明國誕生之時。明國的開國皇帝洪武帝就像歷代王朝一樣，試圖建立以中國為重心的東亞貿易制度，也曾派遣使者到日本。當時，通往東亞的玄關口九州，屬於懷良親王等人的勢力範圍，因此明國使者也先嘗試與懷良接觸。高姿態的明國國書激怒了懷良，更一舉斬殺使者，但明國仍不死心繼續派遣使者。

即使遭到如此無禮對待，明仍執意希望與日本建立外交，背後的原因是當時有不斷騷擾東亞海域的海盜「倭寇」（前期倭寇）。倭寇在朝鮮半島與中國大陸沿岸頻頻作亂，對於明國、高麗等東亞各國造成嚴重打擊。

在明國派遣使者之前，高麗曾希望日本的室町幕府能鎮壓倭寇，卻換得「九州為幕府勢力範圍之外，無能為力」的回覆。或許因為先前有這樣的資訊，明國才會考慮與懷良交涉。然而，懷良對於明國的要求始終不置可否，因為懷良遭到今川了俊逐出大宰府後，已經毫無實力。

義滿在得知這項資訊後，判斷「明國的要求在於整治倭寇，如果能夠辦到，幕府也能擁有外交資格」，因此主動取締倭寇，對明國展現成果。由於明國認定懷良才是「日本國王」，一直避開與義滿進行交流，直到應永之亂前一年，明國建文帝登基，局勢才有了變化，一四〇一年（應永八年），日本與明國開啟正式邦交。

然而，雖說是邦交，卻因為以「國王（以日本而言就是義滿）要服從明國皇帝」的形式，雙方並非完全對等的關係。貿易上的往來也是，國王先向明國皇帝進貢，再收受來自明國皇帝的回禮。這類方式就稱為「朝貢貿易」。

朝貢貿易的制度其實自古就有，但明國改變了過去的貿易架構，採取「海禁政策」作為對付倭寇的一環，也就是除了對國王之外的貿易一概禁止。因此，明必須確認入境的外國船隻是否為國王派遣的正式來船，對各國發行了「勘合符」當作證明，必須隨船攜帶。自此之後，日明貿易也稱為「勘合貿易」。

當時日本的勘合符，是將日本的「日」與「本」拆開，授予日本一方「本」的勘合符。因此，日本船隻前往時，要帶著「本」的勘合符，與明國一方有著「日」的勘合符來對照，以判斷船隻真偽。至於勘合符的尺寸，長約八十二公分，寬約三十六公分，是一張非常大的證書。

在日明貿易方面，明國會負擔貨物的搬運費以及人員停留當地的費用，加上除了朝貢之外，包括與明國政府、民間商人之間的貿易一概禁止，對日本而言有莫大的利益。日本出口了銅、硫磺、刀劍等，並從明國進口絲綢、陶瓷器、書籍等貨物。明國的物品在日本稱為「唐物」，相當有價值，另外從明帶回的大量銅錢，也更加促進了日本國內的貨幣經濟發展。

由於獲得極大利益，讓義滿相當重視日明貿易，但後繼的第四代將軍足利義持卻認為「屈服明國會遭到眾神詛咒」，日明貿易在一四一一年（應永十八年）一度停止。但是到了第六代將軍足利義教，卻以回歸義滿時代為目標，遂在一四三二年（永享四年）重啟日明貿易。

另一方面，李成桂於一三九二年（明德三年）建立取代高麗的朝鮮，也向日本要求取締倭寇與建交。幕府應其要求，展開日朝貿易。

然而，在義持主政的一四一九年（應永二十六年），發生了朝鮮以兩百艘船隻加上一萬七千名士兵襲擊對馬的「應永外寇」事件。對馬雖然受害嚴重，但島民堅持奮戰，朝鮮大軍最終撤退。

此後，對馬成了倭寇的據點，朝鮮也為了殲滅倭寇而發兵。日本與朝鮮的關係修復後，為了追求交易的利潤，包括對馬的宗氏在內，許多守護大名、國人與商人都派遣使節前往朝鮮。

宗氏是效忠幕府的一族，但因為與朝鮮的淵源極深，有人認為同時也侍奉朝鮮。宗氏獲得朝鮮國王賦予多項特權，並運用其與朝鮮的深厚關係主導日朝貿易。

由此可知，在義滿的時代建立起與明國、朝鮮之間的關係，打造了室町幕府基本的貿易體系。然而，正因為貿易帶來的莫大利益，加上國內外的政治情勢，而在日後引發了「寧波之亂」、「三浦之亂」等風波。

此時此刻的世界大事？

1419年胡斯戰爭爆發

為了解決天主教各教會分裂爭議，在德國南部召開了康士坦茲大公會議，而在這場會議中，成立胡斯一派的神學者胡斯被當作異端處刑。由胡斯信徒與神聖羅馬帝國皇帝西吉斯蒙德（Sigismund）率領的十字軍爆發了胡斯戰爭（Hussite Wars）。

column 1

「日本國王」足利義滿

義滿自稱日本國王是為了外交上的方便？

足利義滿率領的不只是武家，也掌控了公家，在一四〇一年（應永八年）派遣了僧侶祖阿、博多商人肥富兩名使節前往明國，義滿也因此獲得明國皇帝認可為「日本國王」。

自江戶時代之後，很多人批評義滿大力拉攏公家，獲得明國永樂帝認可「日本國王」的地位，更利用這個地位企圖竄奪朝廷，也就是想從天皇手中奪取皇位的「叛賊」。

然而，近年來有些研究認為，義滿之所以對外自稱「日本國王」，只是為了與明國在外交上的便利性。

由於當時九州還有勢力強大的懷良親王，明國與懷良接觸時，認定懷良是「日本國王」。之後，雖然懷良沒落，明國卻始終認定義滿是日本國王——懷良的家臣，而非日本國王，因此長期以來都未將義滿放在眼裡。

因為這些背景，義滿在為了與明國締結正

式邦交的考量下，必須自稱日本國王才能取得明國認可。而義滿親近公家的理由，則是因為對朝廷與義滿雙方都有利益。

這樣的策略符合當時在經濟上陷入困境的公家向義滿求援的需要，而義滿也透過與公家的互動，提升了足利家的權威。

握有權力的足利一門──室町幕府的政治體系

室町幕府基本的政治體系，在義滿時代之前已經幾乎完成。在將軍之下輔佐政事的是「管領」。管領是掌管包括軍事、法律等多個領域的重要職務，足利一門之中由名門斯波、細川、畠山三家輪流擔任管領，這三家也稱為「三管領」。只不過，管領一職擔負的責任重大，相對地卻沒有什麼利益可圖，似乎不少人經常透露出辭退的念頭。

管領管理的範圍包括「侍所」、「政所」及「問注所」。起初管領的任務就跟鎌倉時代相同，是管理御家人，但之後取代了負責維持京都治安的朝廷檢非違使，同時要負責京都的警備、徵稅及法律裁決等業務。

侍所的地位也很重要，執事（長官）基本上由山名、赤松、京極、一色這四家輪流擔任，這四家又稱為「四職」。

政所是負責幕府財政及領地相關訴訟的重要機構。執事則多由負責養育將軍的伊勢氏世襲。

另一方面，負責處理訴訟、審判的問注所及引付，以及評議政治、審判的評定眾等機構與職務，仍繼續設置，不過已與鎌倉時代不同，徒存形式而無實質作用。與訴訟相關的職務是由管領和政所擔任的實務官僚「奉行人」來繼承，管領、奉行人會參與基本上由將軍出席進行評定的「御前沙汰」。

幕府的軍事主力由可說是直屬將軍的親衛隊「奉公眾」擔任。除了在軍事上的強大實力之外，另一個值得注意的就是奉公眾為獨立於守護之外的機構。奉公眾由將軍直屬交付管理，經濟上充裕，也可說是具有監視及牽制諸國守護動靜的作用。

室町幕府的組織圖

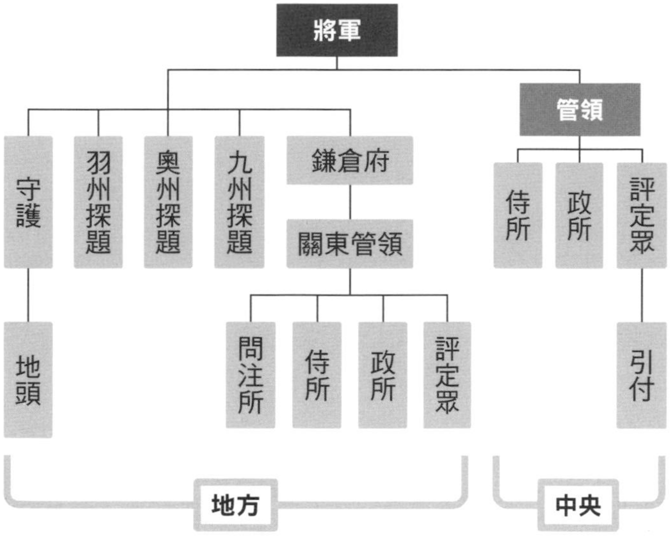

幕府的財政基本上「來自直轄地區的年貢」，是定期的收入，另外還有其他因應需要的各項收入，像是「對守護及地頭的課稅」、「關錢（通行稅）、津料（入港稅）等在交通樞紐的課稅」、「段錢（以田地一段〔約三六〇坪〕為單位的課稅稅金）、棟別錢（以房舍為單位課取的稅金）等針對庶民的課稅」、「針對禪宗寺院的課稅」、「針對土倉役、酒屋役（土倉最初為倉庫，後轉為典當業的代名詞，這些地主通常也兼營酒屋，並經營高利貸業）的金融課稅」等。此外，日明貿易的收益也是財源之一。其中相當重要的財源，就是針對擁有龐大財力的土倉、酒屋的課稅。然而，在之後會詳述的一揆影響下，土倉與酒屋都走向沒落，稅收減少也造成幕府慢性的財政困境。

地方上除了守護之外，也設有幕府的分支機構。其中最具有權力的，就屬取代徒有形式的鎌倉將軍府而誕生的「鎌倉府」，最初是派遣義詮之弟足利基氏擔任「鎌倉公方（長官）」。繼初代之後，鎌倉公方由基氏的子孫世襲，至於鎌倉公方的輔佐職務「關東管領」，則由上杉氏擔任。

然而，鎌倉府具有強烈的獨立性，經常與室町幕府呈現對立。鎌倉公方與關東管領也不時產生內訌，室町時代的關東地區局勢堪稱一觸即發的火藥庫。

其他像是設置了管理陸奧國、出羽國的「奧州探題」、「羽州探題」等職務，但這兩地一旦歸於鎌倉府管轄之下便形同虛設了。今川了俊將懷良逐出九州之後也成了「九州探題」，但了俊失勢之後，九州探題便漸漸變得有名無實。

順帶一提，「鎌倉府」是因地名而取的名稱，與「鎌倉幕府」沒有關係。

室町幕府的財源

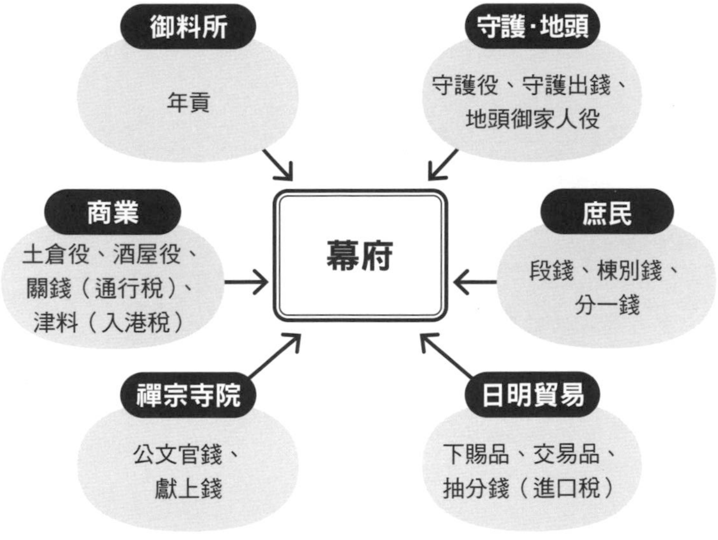

在九州奮鬥的「文人」武將

今川了俊

Imagawa Ryoshun

1326～1420

即使平定九州，晚年仍失意

今川了俊，誕生在足利一門於駿河・遠江國（現今靜岡縣中西部）擔任守護的今川家（戰國大名今川義元的祖先）。了俊年輕時是一名武將，同時也是創作和歌的歌人，在京都相當活躍。

然而，懷良親王在九州的勢力壯大之後，了俊便奉管領細川賴之命令，以九州探題身分出兵壓制九州。

了俊成功奪回敵軍據點大宰府，經過一番苦戰制服了九州，卻在1395年（應永2年）遭到解除九州探題一職。理由是義滿為了提防了俊的名聲而下令，但近年來另有一種說法，認為是了俊失去多位九州大名的信任，在軍事上陷入劣勢所致。

晚年的了俊因遭懷疑對義滿不忠而失勢。之後，他將心思放在著作歷史書籍《難太平記》以及多部歌論書籍，作為一名文人也獲得極高評價。

第二章

室町幕府的動搖

「東側」浮現的問題——足利義持的政治

一三九四年（應永元年），義滿之子義持年僅九歲便就任第四代將軍。由於父親掌握了政治上的實權，義持以後繼者之姿一路也算順遂。

然而，義滿卻要已出家為僧的義持之弟——足利義嗣還俗，將之視為接班人。針對這個舉動，許多人解釋為義滿欲奪取天皇的皇位，為了要讓義嗣站上下一任天皇的地位，才把他召回。近年來，這樣的見解卻遭到多數人否定，但義滿究竟在什麼樣的意圖下把義嗣當作接班人，至今仍不明。因為就在義嗣被召回不久的一四〇八年（應永十五年），義滿身亡。對於義嗣這般不尋常的遭遇，義滿身邊的家臣無法推敲義滿的意圖，而義滿似乎也沒吐露過真相。

義滿死後，義持與義嗣被視為「兩名接班人」，掀開了一場權力之爭。不過，突然冒出來的義嗣獲得的支持較少，義持的勢力並未動搖。

義持要面對的問題是當初義滿沒有澈底壓制的各方勢力叛亂。其中構成威脅的，就是關東鎌倉府展現的不平靜。

前面說明過，鎌倉府是尊氏之子（基氏）做為首任鎌倉公方所誕生的組織，成立初期與幕府打造了友好的關係。

然而，在第二代鎌倉公方足利氏滿的時代，大概自一三七九年（康曆元年）起，便對幕府採取抵抗的態度。獨立意識愈來愈強的鎌倉府，到了一四〇九年（應永十六年）第四代鎌倉公方足利持氏，與幕府之間的氣氛更是緊繃到了一觸即發。

持氏在成長過程中，受到關東管領

鎌倉府組織圖

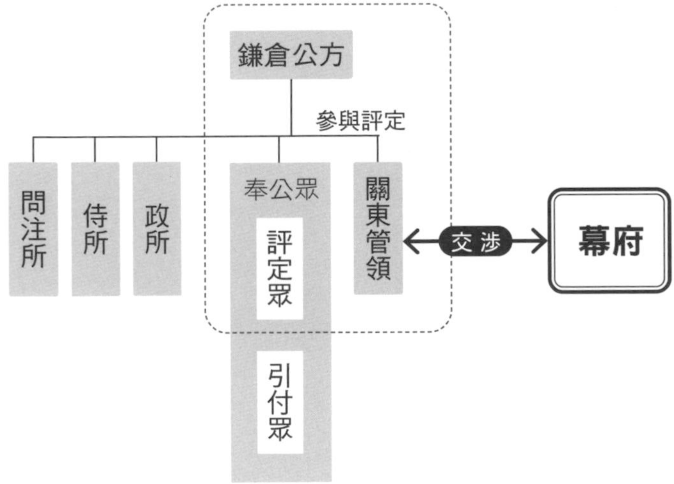

上杉禪秀的輔佐，但後來逐漸與禪秀疏遠，改為重用出身山內上杉氏的上杉憲基，他與出身犬懸上杉氏的禪秀是敵對關係。禪秀對於持氏在政治上的獨斷妄為感到不滿，於是辭掉關東管領一職。與禪秀同樣對持氏保有戒心的持氏叔父足利滿隆等人的勢力也採取同樣的態度，因此反持氏的聲浪愈來愈高。

一四一六年（應永二十三年），滿隆與其養子足利持仲和禪秀密謀，率領大軍攻擊持氏。持氏一開始逃到憲基的宅邸避難，但幾天之後在與禪秀展開的大戰中敗退，最後被流放駿河。風波到此告一段落，滿隆、禪秀的政變「上杉禪秀之亂」看來成功收場。

面對這場堪稱前所未見的政變，包括義持在內的幕府領導階層不免慌亂，仍為了救援持氏，決定攻擊禪秀與滿隆所在的鎌倉府；並命令駿河國的今川氏與越後國（今新潟縣）的上杉氏等人出兵，持氏獲得這些人的協助，一舉進攻鎌倉。

豈料，上杉禪秀之亂出現了意料之外的發展。就在幕府決定要救援持氏的隔天，在權力鬥爭中落敗的義嗣離開了京都，下落不明。搜尋之後確定他人在京都的高雄（今京都市右京區），遂要求他歸順，但義嗣無視這項命令。義嗣被捕後面對嚴峻訊問才坦承，「其實是我引發（上杉禪秀之亂）的，還聯合了延曆寺與興福寺」。不僅如此，義嗣一名喚作語阿的手下也證實，甚至連斯波義教、細川滿元、赤松義則等幕府高層，也都在上杉禪秀之亂背後扮演重要角色。

這便浮現了一種可能性，也就是上杉禪秀之亂不單純是一場關東地區的戰亂，而是東西雙方一群當權者在檯面下串連推動的大政變。由於事跡敗露，導致上杉禪秀之亂最後以失敗告終，滿隆與禪秀被迫自殺，但波及當權者的這場政變計畫，為守護及守護大名留下了之後政爭的火種。

此時此刻的世界大事？

1415年恩克里攻打休達

葡萄牙王子恩克里（Henrique）攻打經濟富庶的摩洛哥港灣城市休達（Ceuta）。恩克里對於航海懷有強烈熱情，有個眾人皆知的別名——「航海王子」。但其實他非常容易暈船，也有人說他根本沒有像樣的航海經驗。

一四一八年（應永二十五年），軟禁中的義嗣遭到義持家臣富樫滿成殺害。這件事應是聽從義持的命令。

此後，涉嫌密謀這場政變計畫的多位大名陸續遭到處罰，包括義持在內，幕府相關人士彼此變得毫不信任，疑神疑鬼。管領細川滿元甚至辭去官職。

混亂之中，之前動手殺害義嗣的滿成遭到義持降罪，最後被畠山滿家的刺客殺害。有人認為滿成是害怕自己與義嗣勾結一事遭到揭發，為了斷尾求生才殺害義嗣，但滿成並無明確的動機，因此殺害義嗣的真相始終未明。但也很可能是因為滿成企圖揭發政變計畫的真相，多位大名害怕事跡敗露才下手除掉他的。

義持的時代發生過應永外寇、與鎌倉府對立、南朝遺臣叛亂等風波，表面上並非風平浪靜。此外，接續義持的第五代將軍足利義量，上任後不過兩年，在一四二五年（應永三十二年）即身亡，年僅十九歲。義量死於疾病，但似乎也有謠傳是因為「義嗣的冤魂作祟」。後來義持直到過世都沒有指定新的接班人，在一四二八年（應永三十五年）死亡。

距離下一任將軍接任有大約四年的空白，除了義持與義量留下來的諸多政治課題，針對將軍大位的接班人之爭也引發很大的問題。

上杉禪秀之亂結構圖

足利滿隆（持氏的叔父）	**足利持氏**（鐮倉公方）
上杉禪秀（前關東管領）	**上杉憲基**（關東管領）
岩松滿純（上野） **千葉滿胤**（下總） 等 關東國人	**今川範政**（駿河） **上杉房方**（越後） 等 幕府援軍 關東國人

「抽籤將軍」的可怕——足利義教的政治

義持並未指定接班人，一班幕臣為了選出後繼者大傷腦筋，最後接受了從義滿時代就深得歷任將軍深厚信任的醍醐寺（今京都市）僧侶滿濟提議，決定以「抽籤」的方式，從義持四名兄弟中選出一人為下一任將軍。從決定推選方式的背景來看，可知受到義持篤信神佛的宗教觀很大影響。

抽籤的結果，由義滿之子，時為天台宗寺院．青蓮院門跡僧侶「義圓」獲選，他還俗之後便以「足利義教」之名接任室町幕府第六代將軍。然而，當時除了發生多起一揆[1]，加上鎌倉府與幕府之間的關係惡化，一上任就被迫面對種種難題。

鎌倉公方足利持氏在鎮壓了上杉禪秀針對持氏引發的「上杉禪秀之亂」後，趁勢一舉壓制周邊勢力，招致幕府的不悅。持氏與幕府的關係暫時看來和睦，但原本期待自己能成為義持接班人、坐上將軍大位的持氏，因為義教的就任而有所不滿。

義教的政治帶有很強的「恐怖政治」色彩，也就是只要不順自己的心意，就會澈底處置。大名與公家自然不在話下，就連過去相同立場的僧侶，也遭到他一一處刑。人們都在提心吊膽中過日子。

在義教逐漸顯露本性後，一四三六年（永享八年）於幕府管轄國信濃（今長野縣）發生了小笠原氏與村上氏的對立事件。持氏派遣大軍，與反對此舉的關東管領上杉憲實之間的關係惡化。

後來，出現了義教出兵攻打信濃小笠原氏「其實是為了討伐憲實」的流言，以及憲實反對持氏將自己的嫡子取名為「義久」，關係更是無法修復。就一般慣例而言，嫡子會取將軍名諱（本名）中的字來用，而使用只有將軍家男子對外使用的稱號（通稱）裡的「義」字，就等於宣告義

歷任鎌倉公方名字的由來

代	鎌倉公方	繼承關係	由来
初代	**足利基氏**	尊氏之子	
第2代	**足利氏滿**	基氏之子	自堂兄將軍義滿取一字
第3代	**足利滿兼**	氏滿之子	自將軍義滿取一字
第4代	**足利持氏**	滿兼之子	自將軍義持取一字

持與京都的將軍是站在對等的地位。

一四三八年（永享十年），持氏為討伐憲實集結大軍，布陣於武藏國高安寺（今東京都府中市），展開了「永享之亂」。對此，憲實逃到上野國平井城（今群馬縣藤岡市），向幕府請求救援。事先已掌握到關東地區局勢不平靜的幕府，立刻組織了討伐軍，接受後花園天皇的「治罰綸旨」，做好萬全準備。就連義教本人也打算親自上陣，最後是在一群大名的勸說下放棄。

幕府軍與鎌倉府軍於早川尻（今神奈川縣小田原市）交戰，由幕府軍獲得勝利。鎌倉府軍雖然順利逃到海老名（今神奈川縣海老名市），卻因為一開始就戰敗而陸續有逃兵出現。深知敵軍陷入苦境的憲實，奮力逃出上野國，在分倍河原（今東京都府中市）布陣。

做好心理準備要認輸返回鎌倉的持氏，在途中巧遇憲實的家臣長尾忠政，希望忠政代為求情，讓他投降。然而，持氏並未獲得原諒，最後被迫自殺。

與多年來困擾幕府的鎌倉府一戰，最終由幕府獲得壓倒性的勝利，然而，關東地區的動盪仍未平息。

亂事之後，鎌倉府由負起持氏死去之責辭掉關東管領的憲實之弟清方為主要領政者，並預定由義教之子繼持氏後接任鎌倉公方。

一四四〇年（永享十二年），持氏遺臣一色伊宇守在相模國起兵，持氏遺孤安王丸與春王丸兄弟也起兵。感念持氏昔日恩情的結城氏朝作為兄弟倆的後盾，迎接兩人進入結城城（今茨城縣結城市）。

幕府見到迅速擴大的這股反幕府勢力後，連忙集結大軍出兵包圍結城城，這一役被稱為「結城合戰」。幕府軍面對堅固的結城城陷入苦戰，最後在一四四一年（嘉吉元年）的全面進攻下獲

此時此刻的世界大事？

1441年開始引進黑奴

葡萄牙王子恩克里派遣的艦隊，在摩洛哥南部抓到非洲人，遂將對方當作奴隸運送回本國。這是首次有組織地引進黑人奴隸，之後直到19世紀後期仍有許多非洲人被當作奴隸。

勝，成功鎮壓氏朝。安王丸、春王丸兄弟雙雙遭到殺害。亂事雖然告一段落，希望鎌倉公方復活的聲浪依舊，關東問題仍沒有完全解決。

另一方面，京都的政治依舊持續混亂。一四四〇年（永享十二年），發生了一起事件，有力守護一色義貫與土岐持賴突然在大和國（今奈良縣）遇害。謀殺的背後很可能是義教企圖排除反抗自己的有力守護，這也使得大名之間的緊張氣氛高漲。

一四四一年（嘉吉元年）六月二十四日傍晚，有力守護赤松滿祐・教康父子招待義教及其他眾大名至宅邸，在酒宴中謀殺義教。

滿祐與教康父子之後遭到討伐，但經歷了這場稱為「嘉吉之亂」的事件後，幕府的權威大不如前，往後再也沒有出現過像義教這種權力大到能採行專制政治的將軍了。另一方面，當初因義教出手而消退的勢力，這時也趁機一舉復出，種下了日後引起內鬥的禍根。

義教推動恐怖政治的背後，不僅是單純自身個性暴躁，也有人指出，是因為他太在乎自己的評價，到最後變得疑神疑鬼。

然而，近年來也有一些人給予義教的政治正面評價，尤其是強化幕府直轄軍奉公眾、重啟為幕府帶來龐大利益的日明貿易，以及關注處理訴訟問題等。只不過，訴訟方面會採用「湯起請」，也就是要當事人在神明之前將手放入湯水中，之後再以是否燙傷來判斷其刑罰，是一種接近神祕政治的方式。

1 人民團結起義，由統治者的角度看為民變、民亂。

column 2

中世紀的「抽籤」

不單只是測試運氣 而是請教「神明旨意」的儀式

足利義教當初是由「抽籤」選出的將軍。在現代，抽籤雖然也很常見，但不會用於推舉政治人物，因此義教以運氣中籤而當選將軍，實在是讓人覺得不太對勁吧！

話說回來，在中世紀（鎌倉・室町時代）抽籤還有另一項重要的作用，那就是「徵詢神明的旨意」。

中世紀的人深深崇信神明，把好事都當作「神明保佑」，遇到壞事則認為是「神靈作祟」。供奉神明的神社香火興旺，武士與公家都很重視神明的旨意。

換句話說，以抽籤選出的將軍，在中世紀人們的眼中等於是「神明挑選的將軍」，具有一定的權威。

只不過，即使是中世紀的人們，對於神明的信仰程度也因人而異。像是義教的前一任將軍足利義持，就是在執政時相當重視神明旨意

的人物，義持連接班人都是倚靠抽籤，也就是徵詢神明旨意來決定。話說回來，義持在親生兒子足利義量早逝之後，曾抽籤占卜詢問自己是否會再有親生骨肉誕生，當時抽到的籤表示「會」。然而，直到義持辭世都未再有子嗣誕生。

義持如果在有生之年就抽籤決定接班人，等於否定了「親生骨肉誕生」的神旨，因此才會囑咐在自己死後再抽籤選出後繼者。或許，義持是不想把神明當作騙子吧。

集結的農民群眾——惣村發展與一揆

在持續不斷出現戰亂與天災的室町時代，為了因應嚴峻的環境，不僅守護與國人，就連庶民也得跟著改變。

在莊園（貴族或寺社等的私有地）或公領（朝廷或幕府的領地）從事農作的庶民，為了保護自身利益，自然而然形成了「村」。這個「村」的組織稱為「惣村」，另外也有比惣村更大、勢力更強的「惣莊」、「惣鄉」等團體。

惣村的實際狀況因地而異。在莊園與公領錯綜複雜，針對農業用水與山林使用權而出現頻繁對立的近畿地區，還曾出現跨越莊園、公領框架的多個惣村聯合起來，形成橫向組織，稱作「與鄉」。

另一方面，在東北、關東、九州地區，多數是以莊園、鄉為單位鬆散結合而構成的村，為了將這些村與惣村有所區別，也稱為「鄉村」。

惣村的特色為「有強烈的自主、自治性質」，以及「全村內部有強烈的連結」。鄉村的連帶感雖然不若惣村，但在自主、自治的性質上則與惣村相同。

在惣村中，庶民以村內神社負責祭祀的「宮座」為聚集中心，被認可為正式成員的村民就稱為「惣百姓」。

惣村的行事方針由村內議會，也就是「寄合」來決定；村子則由稱為乙名、沙汰人、番頭等指導者來經營。農業上需要的山林及平原都保留作為共同利用地（入會地），另外也負責管理農業用水。

此外，要繳給莊園領主的年貢，也愈來愈多是由惣村負責統籌的「地下請」繳納，每個村民的年貢比例則由惣村來訂定。惣村有自主制訂的規約，稱為「惣掟」。惣掟執行得相當嚴格，還會加上各式各樣的裁罰，像是對違反者課處罰金或是

惣村的結構

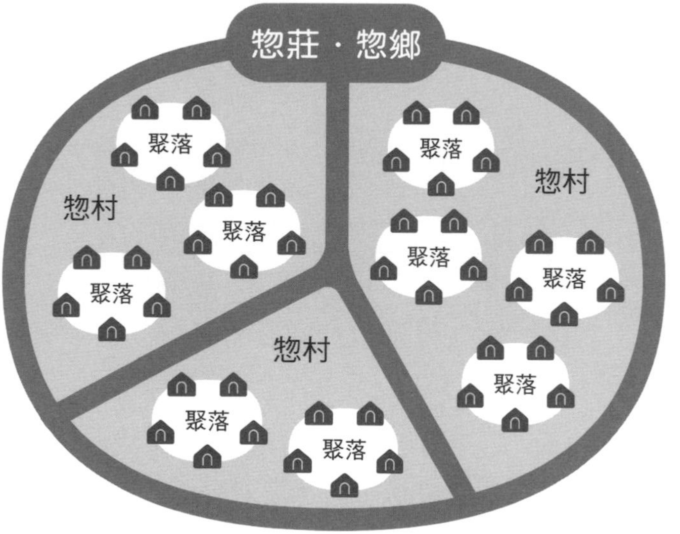

逐出村子等等。尤其對於偷盜的刑罰更是嚴格，據説有不少惣村都會處以死刑。像這樣在惣村內部自行行使的警察權，稱為「地下檢斷」。

由此可知，惣村具備了「指導者與構成人員」、「土地」、「規約」、「警察權」等，形成了一個「社會」。強力團結的惣村，面對守護及其代官、莊官（莊園等當地管理者）等暴行，也會澈底抵抗。要求行為不當的代官、莊官免職，遇到天災作物歉收時減免年貢等等，久而久之形成了「一揆」（由一群志同道合的人組織的團體），並將寫下各項要求的百姓申狀遞交給領主，也就是進行「愁訴」。

若是愁訴之後仍未改善，就會進一步行使更有力的舉動，像是率眾大舉前往領主所在地的「強訴」，或是眾人一起放棄耕作，逃離村莊的「逃散」。

對於莊園領主或地頭等土地管理者而言，惣村的發展是個相當嚴重的問題。

在惣村內部，從指導者階層的主導權之爭，到與守護大名等締結主從關係轉為家臣，有些則成為侍從。此外，在守護大名之下，拒絕莊園領主與地頭的要求，使得原先已經逐漸衰退的莊園營運變得更加困難。

這種一方面以農民身分繳納年貢，另一方面以侍從作為守護大名家臣，也就是「一半農民、一半武士」的人，稱為「地侍」。地侍之中有些脫離惣村，成為正式的武士，也有些繼續留在惣村，成為村的指導者。

惣村的發展大幅改變了過去地域社會的本質，庶民開始團結一致，面對守護的蠻橫暴行以及天然災害等威脅。甚至有人給予極高評價，認為自此之後是「日本史上庶民最獨立自主的時代」。此外，雖然惣村這個結構在戰國時代邁向江戶時代的過程中瓦解，但自主性的運作原則仍延續到近代的村子。

另一方面，隨著惣村發展，也出現了由土民（土生土長的農民）發起的「土一揆」，以及庶民要求德政的「德政一揆」等

大規模亂事。

一四二八年（正長元年），京都、近江等地有一群庶民攻擊從事高利貸的土倉、酒屋，要求債務一筆勾消的「德政」，出現了「正長德政一揆」。這場民亂延燒到畿內周邊各國，對社會帶來衝擊。曾為奈良興福寺僧侶的尋尊，在《大乘院日記目錄》中寫下了「日本有史以來，首次出現土民蜂起」的內容。

隔年，又發生了「播磨土一揆」，要求將播磨國（今兵庫縣西南部）的守護赤松氏眾家臣流放到外地，幕府與守護的控制出現動搖。然而，幕府並沒有下達德政令，讓庶民持續累積不滿。一四四一年（嘉吉元年），號稱數萬人的土一揆群眾包圍、占領京都，發起「嘉吉德政一揆」，終於讓幕府也不得不發出德政令。

然而，從正長的德政一揆、播磨的土一揆發生之後，到嘉吉德政一揆出現，這中間已經超過了十年的歲月。即使發起亂事也不見德政令發布，但這段期間為何庶民不再集結呢？很可能是因為中世紀社會的習慣。

當時有種作為代替天皇、將軍等統治者的契機，將所有權關係與借貸關係統一結算後物歸原主的觀念。因此，正長的德政一揆、播磨土一揆都發生在足利義教接任第六任將軍的時間點，而嘉吉德政一揆則出現在足利義勝接任第七代將軍的時刻。

不過，之後出現的亂事就與改朝換代無關，幾乎每年都會發生德政一揆。

對幕府而言，來自土倉、酒屋的稅收是重要財源，眼見一波接著一波的德政要求相當傷腦筋，最後終於引進了新的制度。債權人（債主）如果將債權額五分之一或十分之一的手續費繳交給幕府，債權人就不適用德政（可請求債務）；反過來說，債務人（借款人）要是也繳給幕府債務額五分之一或十分之一的手續費，幕府就讓債務人適用德政（借款一筆勾消）。這個制度叫做「分一錢」。

然而，幕府的財政嚴重惡化，權威跟著衰退，最後也無力執行。

此時此刻的世界大事？

1429年聖女貞德率眾解除奧爾良圍城戰

法國在與英國的百年戰爭中居於劣勢，樞紐都市奧爾良也遭到包圍。聽到「天主啟示」的少女貞德加入戰局，成功解除了奧爾良的圍城。之後，貞德被天主教世界視為「異端」，判處死刑。

關東三十年戰爭——享德之亂

鎌倉公方足利持氏亡故後，政事主要由前關東管領上杉憲實之弟上杉清方，以及上杉氏家宰（家長輔佐・執事）長尾景仲、太田資清等人來運作。然而，正如結城之戰象徵的一般，事實上，也有不少聲浪期待鎌倉公方的復活。

一四四九年（寶德元年），回歸鎌倉的持氏之子足利成氏就任鎌倉公方，扮演輔佐角色的關東管領則是上杉憲實之子憲忠。不過，很快地在一四五〇年（寶德二年），景仲與資清襲擊成氏，鎌倉公方與關東管領之間的對立浮上檯面。

一四五四年（享德三年），成氏暗殺憲忠，揭開接下來持續將近三十年的「享德之亂」。兩陣營發兵之時，幕府支持的是上杉這一方。這是因為從過去鎌倉公方對於幕府就採取反抗的態度，幕府中央有不少人都是反成氏派的關係。

原先陷入苦戰的上杉一方，有了奉幕府之命派來的今川範忠等人的援軍加入後，逆轉局勢，成功攻占成氏的據點鎌倉。成氏將根據地移往下總國的古河（今茨城縣古河市），後來人稱他為「古河公方」。

在關東陷入混亂之際，第八代將軍足利義政派遣自己的兄長足利政知成為新一任鎌倉公方。然而，政知在關東無法獲得支持，終究無法順利進入鎌倉。義政也因為政局混亂沒有再派遣援軍，政知無奈只能抵達伊豆國的堀越（今靜岡縣伊豆之國市）。後來人們就稱政知為「堀越公方」。義政不僅沒有平定關東的混亂，還讓亂局變得更加嚴重。

另外，上杉一方，一四六六年（寬正七年）從憲忠手上接過關東管領的弟弟上杉房顯過世之後，擔任越後國守衛的上杉房定之子上杉顯定成為山內上杉氏（代代世襲關東管領職務的上杉氏

此時此刻的世界大事？

1453年東羅馬帝國滅亡

位於羅馬帝國東半邊的拜占庭帝國（東羅馬帝國），以首都君士坦丁堡為中心，繁榮了將近一千年，卻因為伊斯蘭勢力擴大而衰退。終於在1453年，首都遭到鄂圖曼帝國攻陷而滅亡。

各家）的養子，作為房顯的接班人。

隔年，扇谷上杉氏（經過關東戰亂勢力擴大的上杉氏各家）的長老上杉道朝（持朝）過世後，道朝之孫上杉政真接棒。然而，當時顯定十四歲，政真十六歲（也有一說是十八歲），都還很年輕，在掌握大局上非常考驗顯定的家宰長尾景仲，以及政真家宰太田道真（資清）・道灌父子。

接下來亂局持續，一四七六年（文明八年），景仲之孫長尾景春發動叛變，上杉一方也得加入鎮壓。

顯定要同時與成氏、景春雙方作戰相當困難，一四七八年（文明十年）一度與成氏和談，專心與景春作戰，加上道灌的活躍，使得景春勢力逐漸沒落。

景春的叛亂平息之後，一四八二年（文明十四年）成氏與幕府和議成立，享德之亂終於告一段落。

然而，引發戰亂最根本的原因，也就是古河公方與上杉氏的對立狀況並沒有解決。在討伐景春時表現出色的道灌，隨著影響力變大也引起主君上杉定正（政真的叔父）的戒心，最後更遭到殺害。進而造成扇谷上杉氏的內訌，與山內上杉氏形成對立。

加入享德之亂的各方勢力其間的對立並未平息，而幕府對於關東幾乎也再沒有影響力。趁著享德之亂，關東進入了群雄割據的時代。因此，近年來也有人評論，「關東的戰國時代乃是因享德之亂而開啟」。

戰國時代的關東地區依舊深受享德之亂的影響，最終卻由從伊豆加入關東大戰的北條早雲（出身於在幕府擔任政所執事的一族・伊勢氏）與其子攜手促使關東統一。

享德之亂的對立結構

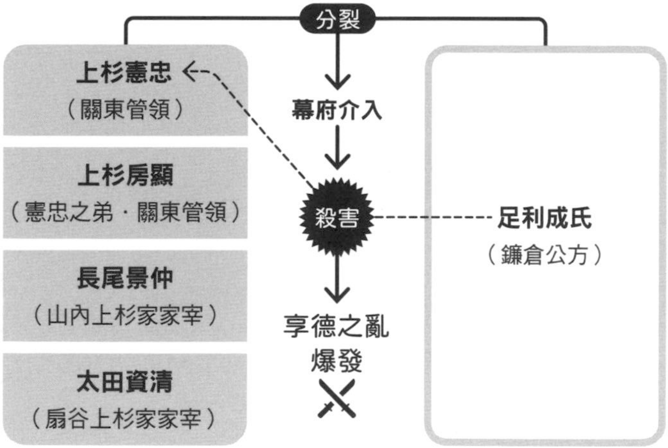

沒有勝者的內鬥爛仗——應仁．文明之亂

話題回到義教死後的幕府政治。繼義教之後，成為第七代將軍的是義教九歲的兒子足利義勝。但義勝隔年就死去，第八代將軍便決定由時年八歲的義勝之弟足利義政接任。因為連續幾任將軍皆為年幼，政事主要就由管領畠山持國與細川勝元等人執掌。然而，管領家與各地守護之間的內亂卻層出不窮。

首先，畠山氏的當主雖然是受到義教重用的畠山持永，但義教死後，先前義教疏遠的畠山持國趁勢復權。持國消滅持永掌握家督後，便繼任管領。但由於持國未有子嗣，遂收其弟畠山持富為養子。豈料後來持國的小妾產下一子（義就），於是家督便讓給了義就。對於這一連串家督繼承的過程感到不滿的持富之子畠山彌三郎，與義就對峙之下卻敗下陣來，在落寞抑鬱之中身亡。義就失去義政的信任後失勢，彌三郎之弟畠山政長重新掌權，繼承畠山家。

另一個管領家斯波氏的內鬥也趨向檯面化。原本的當主斯波義敏受命出兵關東，卻沒有

善盡全力。這件事也讓年紀漸長開始懂得政事的義政感到不悅，義敏因此失勢。進而由斯波義廉取代，繼任家督。不過，之後因為將軍近臣伊勢貞親等人的復權活動，使得義敏獲得赦免再次奪回家督寶座。

這個家族的內鬥因為義政及其近臣的介入，讓事態變得更加複雜。此外，加上與管領細川勝元，以及在中國地區勢力成長的守護山名宗全（持豐）等人的主導權之爭，情勢變得更加混亂不明。

勝元等多位大名對義敏的復權表示不滿，讓成為義敏後盾的貞親等人陷入危機。一四六六年（文正元年），義貞等人告訴義政，「你的弟弟足利義視想趁著義廉復權奪取將軍大位」，建議義政暗殺義視。由於義政之前並無子嗣，等於已將義視視為下任將軍。卻因為義政之後生下期待已久的兒子（義尚），使得義視的地位及立場變得尷尬。

察覺到危機的義視仰賴宗全、勝元，加上包括細川氏、山名氏多位大名力挺義視清白，結果使得將軍近臣貞親等人失勢。這場政變稱為「文正政變」。近年來有些與過去不同的看法，多將焦點放在積極參政的義政，然而，真相是即使將軍有些動作，仍然會受到各大名的意見影響。

文正政變之後，原先合作的勝元、宗全之間的關係卻變得惡化。宗全支持先前失勢的義就，義就率領大軍上洛。這段時期勝元則支持政長，至此「宗全－義就」與「勝元－政長」的對立關係一舉浮上檯面。

宗全一方有與義政對立的義視、義廉，勝元一方則有義政・義尚父子與義敏，全國各路勢力被迫在這兩大陣營之間選邊站。一四六七年（應仁元年），以宗全為主的「西軍」與以勝元為首的「東軍」展開的「應仁・文明之亂」就此點燃戰火。戰場不僅在鄉間，甚至擴大到京都市區，許多民宅遭到燒毀。應仁・文明之亂持續長達十年，最有名的

此時此刻的世界大事？

1462年伊凡三世就任大公

伊凡三世率領的莫斯科大公國自蒙古帝國之中的金帳汗國獨立。伊凡大公終結了「Mongol Yoke」（金帳汗國控制俄羅斯的體制），打造了俄羅斯日後成為大國的基礎。

就是連帶開啟日後的戰國時代，但因為相較之下東軍比西軍占有優勢，使得亂事比預期來得較早結束。

東軍擁護的是義政、義視、義尚，之後還因為由義政授予「將軍旗」，被視為獲得將軍信任的「正規軍」。

位居劣勢的西軍，在義就與越前國（今福井縣）侍奉義廉的朝倉孝景等人奮戰下，得以維持戰線。一四六八年（應仁二年），西軍的轉機出現了。自應永之亂（一三九九年〔應永六年〕）敗北之後重振一族，成為西國有力大名的大內政弘率領大軍加入西軍。

在雙方勢均力敵之下，原先站在東軍一方的義視也加入西軍。西軍將義視視為將軍，因此也稱為「西幕府」。這下子無論在戰力、權威地位上兩軍都平分秋色了，使得戰事演變為長期化。

西軍也與和幕府對立的古河公方足利成氏等遠方勢力集結。西軍趁著士氣高昂幾乎壓制了京都，但東軍相中了敵軍主力的孝景，暗中推動策反。一四七一年（文明三年），孝景背叛西軍投靠東軍，又讓兩軍勢力陷入膠著。

京都荒廢，城內還有傳染病流行，從這段時間開始，兩軍瀰漫起厭戰的氣氛。自一四七二年（文明四年），兩軍的主將細川勝元與山名宗全開啟和談交涉，但因為仍有義就與政長這些希望持續戰下去的勢力，使得和談一直沒有結果。或許是對此感到厭倦而死心，後來勝元、宗全便完全退出。兩人在一四七三年（文明五年）身亡，到了一四七四年（文明五年）勝元的接班人細川政元與宗全後繼者政豐之間終於達成和議。

然而，這項和議是「兩者之間的單純和議」，也就是說，只有細川、山名雙方脫離戰局，但戰事依舊持續。

開戰當時的兩軍大將已經離世，加上後繼者退出也沒有結束的這場戰事，讓軍中的厭戰氣氛愈來愈濃厚。

一四七七年（文明九年），好戰派的義就回到河內國（今大阪府東南部），政弘也歸順。義視同樣離開京都，至此大約延續十年的應仁・文明之亂總算落幕。

讓西軍或東軍皆大傷元氣的應仁・文明之亂，究竟是怎麼發生的呢？

過去很多人認為是由被稱為「惡女」的義政之妻日野富子個人挑起，原因出在義政對政治漠不關心的態度，以及想要讓自己的兒子義尚成為將軍，而在檯面下有各種動作。然而，應仁・文明之亂爆發的背景，更應該是像足利義政與有力守護、山名宗全與細川勝元這樣，也就是將軍與各大名，或是大名之間的權力鬥爭所致。

事實上，對於應仁・文明之亂，各研究者之間的評價也有很大的落差。有的如一般認知，將應仁・文明之亂定位為「戰國時代的開端」；但也有人覺得在應仁・文明之亂後，幕府的權威仍勉強存在，接下來要介紹的「明應政變」

應仁・文明之亂對立關係圖

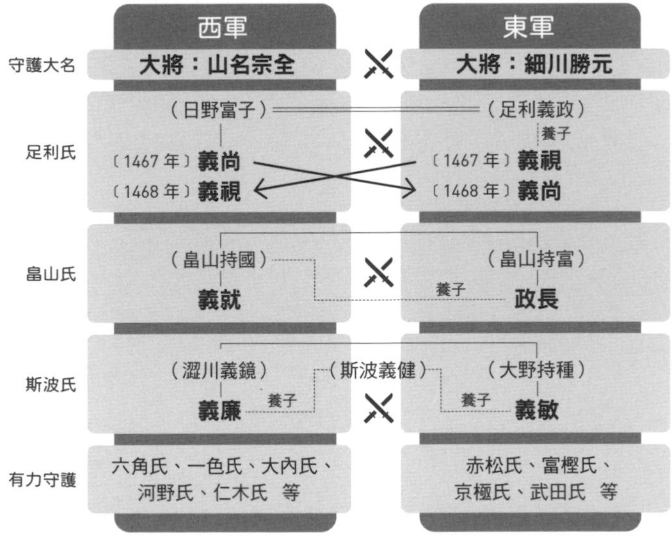

（一四九三年〔明應二年〕）才算是真正的戰國時代開端。

無論如何，這場亂事對於在京都的守護與公家無疑都造成重大的影響。例如，原先各個領國的守護在京都與幕府合作的「守護在京制」已全面瓦解，從京都的戰亂中逃往地方城市的知識分子，將儒教、和歌等京都文化散播到各地。

承擔起政治的地區居民——國一揆與一向一揆

應仁．文明之亂結束後，各地的戰亂仍未平息。

前往河內國的畠山義就，繼續與畠山政長擴大對抗，兩軍就在南山城（今京都府南部）展開對峙。

對這場戰事提出異議的，是畠山政長擔任守護的山城國國人（在地的領主與地侍等）與民眾。一四八五年（文明十七年），國人與民眾召開集會，進而制訂出所謂的「國中掟法」，包括「不讓畠山兩軍進入山城」、「恢復寺社本所領（莊園制以來的寺社與公家領地）直接統治」、「禁止設置新的關所」等三項。並進一步與畠山兩軍交涉，要兩人承認以國人為主的「一揆勢」山城國統治權。

於是，山城國成了地方居民統治的地方，「山城國一揆」就此成立。主導統治的雖然是一群國人，但「寺院本所領直接統治」是順應農民的要求，原因是不願武士挾武力成為代官強徵年貢，而「禁止設置新關所」則是運輸業者為了減輕通行稅的要求。也就是說，實際上是由地方各個族群民眾組成「一揆」。

一揆眾就在沒有守護之下，前後八年負起行使行政權、警察權及徵稅的任務，卻也有人指出這群人並非為了擺脫守護統治才成立國一揆。

從另一個角度來看，應仁．文明之亂與畠山氏的抗爭讓山城國長期處於不穩定的狀態，因此國人與民眾為了尋求和平而站出來，代替行使守護的任務。此外，山城國的國人同時也是周遭有實力的細川氏、畠山氏等人的家臣，所處的政治狀況相當複雜。周遭的守護也能當作山城國自治的某種緩衝。

實際上，一四九三年（明應二年），畠山政長在政爭中落敗後自殺，山城國守護伊勢貞陸打算統治山城國，大部分的國人都服從貞陸的統治，山城國一揆就此瓦解。

另一方面，在應仁．文明之亂期間，加賀國（今石川縣南部）的守護富樫家分裂，而趁這個機會拓展勢力的，則是信仰淨土真宗一派「本願寺派」的人們。本願寺派第八代門主蓮如，以越前國吉崎（今福井縣蘆原市）為據點，在北陸地區獲得許多信徒追隨，一群門徒（信者）也介入了守護家的分裂之爭。

本願寺信徒與富樫政親結盟，驅逐對手富樫幸千代。然而，一揆終究也與政親敵對，一四八七年（長享元年），趁著政親出兵攻擊近江六角氏時群起而上。信徒因宗教而團結成軍，因此稱為「一向一揆」（「一向宗」為淨土真宗的別名）。政親連忙趕回領地，但等著他的是號稱有二十萬人的一向一揆大軍。政親死守高尾城（今石川縣金澤市）奮戰，最後仍被迫自殺，加賀國成了「百姓所有之國」（一向一揆眾之國）。

只不過，蓮如別說是指示占據領地，反倒命令眾人要尊重守護與地頭，因此襲擊守護全是一向一揆眾的獨斷獨行。話說回來，一向一揆並不單只是宗教上的團結而起兵，還有其他原因像是感覺生活困苦的農民等等，都一起加入。

一向一揆眾打造了稱為「郡」的組織，進行加賀國

此時此刻的世界大事？

1488年葡萄牙航海家抵達好望角

1488年葡萄牙航海家迪亞士（Bartolomeu Dias）是第一個抵達非洲南端好望角的歐洲人。發現好望角之後，進而開啟繞經非洲南端前往印度的新航線，也等於宣布大航海時代來臨。

的統治。最後郡直屬於本願寺，實質上由本願寺來治理加賀國。戰國時代的本願寺除了擁有強大的兵力與經濟能力，還有「佛祖後盾」，這對戰國大名來說是相當棘手的強敵。

然而，一向一揆眾因為內部的紛爭，以及與朝倉氏、上杉氏等的對立，也讓勢力逐漸衰退，一五八〇年（天正八年）織田信長家臣柴田勝家制服加賀之後，也宣告終止了一向一揆的統治。

雖然一向一揆最後敗給了戰國大名，但眾人統治一國近百年可說是前所未有。一向一揆眾之所以能夠長期統治，背後有相當多原因，像是「室町幕府的權威不再」、「本願寺的強大實力」、「各方勢力崛起」、「地方逐漸活化」等皆有影響。

南无阿彌陀佛

將軍權力一落千丈——明應政變

應仁．文明之亂如火如荼之際，足利義政把將軍大位讓給了年僅九歲的足利義尚，一四七三年（文明五年），義尚成為第九代將軍。雖然義政仍持續掌握實權一段時間，但義尚隨著年紀增長也嘗試自立。

應仁．文明之亂後的幕府，將軍失去號召力，守護完全不聽指揮。幕府的軍事力、經濟力衰退，義尚為了找回將軍的權威，計劃討伐侵略將軍直屬奉公眾土地的近江守護六角氏。

義尚親自率領大軍排除萬難遠征，但他輕忽守護的態度引起多位大名的反彈，更與管領細川政元形成強烈對立。結果，攻打六角氏沒有成果，義尚卻於一四八九年（延德元年）在遠征途中身亡，年僅二十五歲。

由於義尚沒有子嗣，出現了接班人的問題。先前逃亡到美濃國（今岐阜縣）的義視帶著兒子足利義稙（義材．義尹）上京，並推薦由義稙擔任將軍。

當時，接班的人選還有堀越公方足利政知之子義澄，但在將軍家握有大權的日野富子影響下，最終由義稙接任第十代將軍。義稙原先試圖繼承義尚的政策，提升將軍威嚴，但在父親義視過世之後，義稙與富子的關係惡化，逐漸遭到孤立。義稙從小在與政治無關的美濃國生長，無論是政治經驗、知識或是在京都的人脈都相當缺乏。

即使如此，在面對義尚未完成的六角氏討伐一役，義稙仍讓六角高賴落敗逃到伊勢國（今三重縣東部），獲得一定的成果。或許因為義稙在戰勝後士氣高昂，一四九三年（明應二年），他接受畠山政長的邀請，親自出兵到河內國討

此時此刻的世界大事？

1492年收復失地運動結束

11世紀之後，天主教國家為了收復伊比利半島被伊斯蘭勢力統治的領土，發起了「收復失地運動」。1492年，在成功攻占伊比利半島上最後一處伊斯蘭據點格拉納達之後，宣告收復失地運動結束。

伐畠山義就之子畠山義豐。

然而，細川政元在主張「介入畠山氏內鬥不符大義」之下不願參戰，透露出政局不穩的跡象。同年四月二十二日，留在京都的政元發兵拿下京都。政元進一步迫使義稙退位，讓足利義澄繼任第十一代將軍，這場政變就稱為「明應政變」。此變發生的背景一來是在成功壓制守護、提高權威後，眾人對義稙有了戒心；另外就是富子與義稙的關係惡化之後產生的影響。

面對守護反咬將軍一口，逼迫將軍退位這種前所未見的政變，出兵到河內國的各股勢力都出現動搖，而且大多捨棄了義稙，往京都的義澄陣營靠攏。最後，義稙、政長一方陷入孤立無緣。政元趁機派兵討伐，逼得政長自殺，也成功逮捕義稙。

這場政變雖然成功，義稙卻沒有遭到殺害，得以流放。義稙不放棄奪回將軍大位，在流亡各國之際尋求機會，將軍家因此分裂為義澄一派與義稙一派，為日後種下禍根。

另一方面，政元雖然成功發起政變，他的政權基礎並不穩固，因為細川家內部也出現紛爭。加上將軍義澄與政元的關係惡化，在一五〇七年（永正四年），政元遭到一群家臣殺害身亡。

自此之後，不僅將軍家，就連細川家也走向分裂，讓京都政治情勢更加複雜。

明應政變的對立結構圖

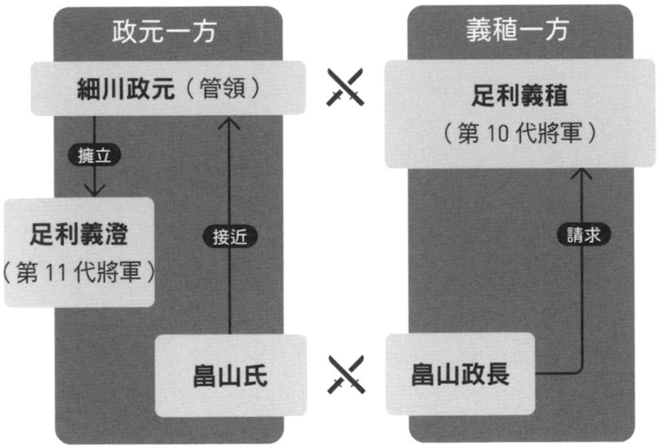

室町時代的偉人 ❷

幕府教母

日野富子

Hino Tomiko

1440～1496

經濟、政治兩方面都是幕府支柱的義政之妻

出生於公家名門日野家的富子，16歲時成為將軍足利義政的妻子。一直以來，富子以將軍之妻的身分參與決定次任將軍等重要政務，且從大名、庶民收取多數獻金、稅金等，甚至還從事貸款中飽私囊，因而被視為「惡女」。

話說回來，在將軍權勢下滑之中，富子以將軍之妻支撐了幕府政治超過三十年，也是不爭的事實。此外，雖然最後感情不睦，但在親生之子義尚年幼之時，她也代替義尚執行政務。

至於惡名昭彰的金融政策，也有人認為這是在一揆與守護反叛之後，拯救陷入危機的幕府財政之計。富子本身固然擁有鉅額財產，但在京都荒廢之後對於貧困的天皇家與寺社，她也給予許多經濟上的支援。由於出身公家，與天皇家頗有淵源，由此可知，富子在衰退的幕府內扮演了重要的角色。

第三章

活化的社會

提升生產力革命——第一級產業的發展

前面提到在室町時代開始有稱為「惣村」的村落，但因為農業技術發展使得生產力提升，也是這個時代的另一項特色。

鎌倉時代的尾聲，在沒有稻米收成的時期栽培麥子的「二毛作」[1]已經拓展到畿內、西日本地區。到了室町時代，因為人工引水灌溉及排水設備的引進、改善，二毛作普及到了更多地區。畿內地區甚至除了米、麥之外，還加入了蕎麥，也就是一年輪作三種作物的「三毛作」。

此外，稻米品種也持續改良，生產者可以配合當地的自然環境栽種早稻、中稻、晚稻。原產於印度支那半島（中南半島）的外來種「大唐米」（秈赤米）也已引進，雖然味道不好，但由於對於日照、蟲害的耐性很強，也逐漸普及成為庶民食用米。

不僅如此，鐵鍬、鋤頭、鐮刀等鐵製農具，還有利用牛馬耕作的方式較鎌倉時代更普遍，至於要從河川或蓄水池裡汲水，除了過去長期使用的「水車」之外，也開始有來自中國引水入田的「龍骨車」。只不過，龍骨車的故障狀況較多，拓展的範圍似乎不廣。

在二毛作的普及之下，肥料相形變得重要，不僅有刈敷、草木灰這類來自草木的肥料，其他像是下肥（人類糞尿）或廄肥（牛馬的糞尿）也有很多人使用。

這些影響使得土地生產力提升，而且能夠有穩定的收成。另一方面，當農業有更多發展空間後，就有餘力往其他像是桑樹、構樹、漆樹等「商品作物」拓展生產，這些都是以西日本地區為主發展出的手工業所需原料。商品作物的栽培愈來愈多，能夠供應到市場上，連帶也推動了工商業的發展。

在水產業方面，水產商品化也不斷進步。運用漁網的捕撈作業興盛，有在海底

放設大網的「地曳網」，或是在魚群通道上拉起帶狀漁網的「刺網」等多種捕撈方法。另一方面，爭奪漁場的糾紛也愈來愈多，漁村之間開始訂立協定或慣例法規，慢慢建立起漁業權的概念。

至於製鹽業，過去的「揚濱法」是從鹽田中汲起海水，再經煮沸產鹽。除此之外，也開始出現另一種「古式入濱」的製鹽法，在砂岸上圍出一塊區域，利用漲潮時將海水引入。

隨著建築材料的需求升高，林業也發達了起來，加上由兩人操作的大型鋸子「大鋸」的普及，製材技術因此突飛猛進。各地都有木材出產，甚至連現代都相當知名的高級木材「木曾檜」，在當時已相當出名。

這些第一級產業的發展後來促進了室町時代的工商業、經濟發展，迎接「商品經濟」時代的到來。

1 在同一塊耕地上一年輪作兩種不同作物。

沒有米糧活不下去——天地異變的時代

農業技術雖然進步，室町時代卻遭受多次異於常態的天候及颱風等災害，這同時也是個庶民不易討生活的時代。

尤其嚴重的是自一四二〇年（應永二十七年）發生的「應永饑荒」，以及一四五九年（長祿三年）發生的「長祿・寬永饑荒」。

應永年間，社會在足利義滿、義持的主政下政局穩定，京都也很繁榮。然而，因為天候不佳連續幾年後，一四二〇年春天久旱不雨，秋季則長期雨下不停，導致農作歉收。此外，因為京都繁榮使得米糧集中於此，以及馬借[2]、土倉等有權勢的金融業者累積財富等，這些也是造成饑荒的社會性因素。

地方上有很多人吃不飽，要求免除稅金的聲浪愈來愈高。無處可去的難民全部擁入財富集中的京都。如此一來，導致京都的都市功能失常，演變成庶民要求富裕階層發揮「德行」，也就是強迫他們貢獻社會。饑荒看似在一四二一年夏天左右平息，但於一四二八年（正長元年）發生的「正長德政一揆」，除了饑荒與傳染病之外，另一項重要因素就是應永饑荒時曾經嘗試過，庶民對於要求「德政」的意識日漸高漲。

此外，之後發生的「長祿・寬正饑荒」相較過去饑荒的災害規模更大，甚至被稱為「中世紀最大的饑荒」，十分悲慘。

第八代將軍足利義政開始獨立時，在一四五九年（長祿三年）遭遇惡劣的天候。五月旱災、九月因為颱風造成京都鴨川氾濫，有許多人溺斃。隔年，氣候更加糟糕，先是春季久下不停的雨引起洪水，到了八月底各國遭到颱風襲擊，農作物嚴重歉收。

長祿・寬正饑荒時留下的故事，多數都相當淒慘。在嚴重缺少糧食的備前、美作、伯耆國（今岡山、鳥取縣），甚至還傳出「人吃人」的事件，然而，人們依舊為了找尋糧食一波波擁入京都。

此時此刻的世界大事？

1455年左右，古騰堡聖經誕生

德國人古騰堡將運用金屬活字的「活字印刷術」實用化，出版了聖經。活字印刷術讓量產書籍得以實現，自此庶民也能用便宜的價格購買書籍。活字印刷術的普及也稱為「資訊革命」。

面對這個狀況，義政採取的對策是向寺社祈雨、下令祈禱，以及更改年號等等。這些在當時都算是很常見的作法，但顯然沒有任何效果，每天仍有好幾百人餓死，據說埋在河岸的遺體成千上萬。然而，義政並沒停止奢華的生活，據說後花園天皇看不下去，還迂迴地給了義政勸誡的漢詩。

危機當前，僧人願阿彌獲得義政的許可與援助，在京都寺院六角堂供應熱粥賑災，並且提出建議，要在六角堂附近搭建簡單屋舍收留飢民。但寺院一天仍有數十名死者，要供應八千人份的熱粥，負擔相當重。因此，賑災措施持續僅僅一個月就告終。

饑荒終於在一四六四年（寬正五年）平息，但這段時間還有傳染病流行，據說死亡總人數高達八萬兩千人。此外，居住在京都近郊，被迫得繳納年貢及償還債務的土豪與農民也擁入京都，陸續發生多次德政一揆事件，使得治安惡化，據說這些狀況也是導致應仁・文明之亂發生的原因之一。

在這兩場饑荒中，不能否認也有缺乏照顧窮困者的措施，以及都市功能麻痺等，也就是「人禍」的因素。然而，若從宏觀的歷史背景來看，不僅日本，當時全世界都面臨了氣候變化的問題。一四〇〇年代，全球漸漸變得寒冷，這段全球規模的寒冷期稱為「小冰河期」，對生活在世界各地的人都造成影響。

小冰河期也是日本發生饑荒的原因，一直到明治時期，氣候一下暖化，一下變得寒冷，不斷重複，而寒冷期讓日本社會飽受折磨。

地震與海嘯等天災也折騰著室町時代的人們。一四九八年（明應七年）八月二十五日在日本發生的大地震稱為「明應地震」，這場地震的震源就在近年仍常聽到的「南海海槽」。

明應地震的特殊點，就在於地震之後便立刻出現海嘯造成嚴重災害。據説連以「鎌倉大佛」知名的高德院大佛殿（今神奈川縣鎌倉市）也遭到海浪沖擊，其他像是伊勢國的安濃津（今三重縣津市）、遠江國的元島（今靜岡縣磐田市）等港口城鎮也飽受災害。安濃津最

平均氣溫的變化

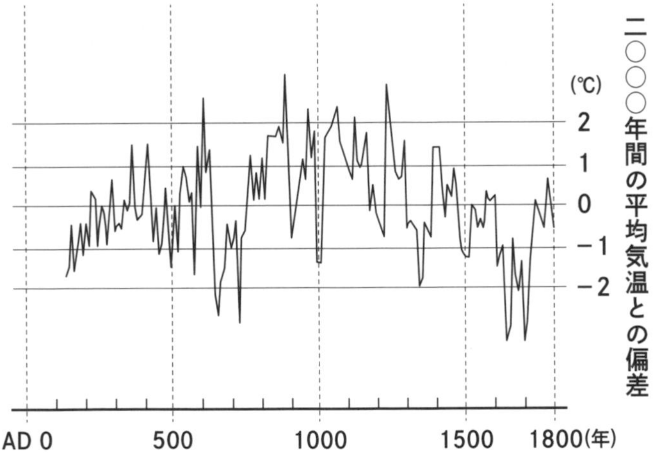

後得以復原，但元島沒有重振，自那個時代就已遭世人遺忘。此外，海嘯的影響造成陸上湖濱名湖產生龜裂，造成湖與大海連通，變成現在看到的汽水湖（混入海水的湖）等等，換句話說，導致日本列島的地形出現了各種不同變化。

室町時代被視為「庶民充滿活力的時代」。然而，在這句話的背後或許有另一層意義，那就是面對不斷發生天災及饑荒的大環境下，「沒有活力的庶民就無法生存下去」。

2　使用馬匹運送物資的業者。

column 3

夢幻港都「草戶千軒」

因水運與商業而繁榮的港都卻埋入地底消聲匿跡……

中世紀社會商業發展之下，地方上也出現了商業都市。備後國的草戶千軒（今廣島縣福山市）就是其中之一。

草戶千軒位於蘆田川的河口附近，是因為瀨戶內海水運而繁榮的港口城市。此外，也是真言宗寺院明王院（當時是常福寺）的門前町。現在明王院擁有的國寶本堂、五重塔是南北朝時代的建築物，建造當時很可能草戶千軒的民眾也參與其中。

草戶千軒的榮景持續到十五世紀前半，在十五世紀後半打造了很多大型溝渠與洞穴。然而，一進入十六世紀後，那些水井與洞穴就都埋起來了，失去了一個城鎮的功能。後來到了江戶時代前期的一六七三年（延寶元年），包含草戶千軒在內的蘆田川流域遇到重大洪災，整個城鎮被埋入地下。

草戶千軒長久以來已遭世人遺忘，但自一

復原後的草戶千軒。（福山草戶千軒博物館〔廣島縣立歷史博物館〕）

九六一年起歷經了約莫三十年的挖掘研究，發現了很多遺跡與遺物。過去一般大多認為草戶千軒消失的原因是之前的洪水，但根據挖掘後的調查研究顯示，很可能在遭遇洪水之前整個城鎮就已荒廢，也就是實質上已不存在。由於很多設施都是以人為方式掩埋，研判有一股勢力在某些原因下而將整個城鎮消滅，這個推論似乎比較合理。

世界上也有其他主動廢棄城鎮的案例，例如拿破崙在遠征俄羅斯（十九世紀）時，俄羅斯就曾焚燒自己國家的領土，以防止敵軍繼續進攻。

在地商品的誕生——工商業的發展

室町時代出現了以畿內地區為主的手工業者，還有以寺院等本所（領主）同業者組成的組織——座。「座」相當於同業組織，參與特定產品自流通到販售一連串的作業過程，協助將銷售額的一部分上繳給幕府，換取幕府保護獨家銷售權。

座的制度類似中世紀歐洲的「同業公會」制度，但與歐洲公會不同的特色是不僅在都市，就連農村也有各自的座。

至於其他地方都市，也有不少在守護保護下發展的手工業，出現了許多發揮地區特色的「特產品」。像是和紙、陶器、酒類等種類相當多，但需求量最大的就是「刀劍」。備前國（今岡山縣東南部）的長船、美濃國（今岐阜縣）的關等地區，都是大量生產刀劍的特產地，這些產品不僅在國內流通，同時也是日明貿易的出口商品。此外，這時候的織品生產技術也提升了，傳統的日本織品技術與中國傳入的新技術在京都結合之後，為到了現代仍有極高評價的「西陣織」打下了基礎。

特產品增加之後，銷售與購買的市場也陸續建立並拓展。

鎌倉時代每個月舉辦三次的定期市集「三齋市」已經很普遍了，但到了室町時代後期，更進一步發展到每個月舉辦六次的「六齋市」，商品的流通變得更迅速。

然而，並不是任何人都能在市場上自由販賣商品，因為座獨占了推出商品的權利。在座之中也有人於市場設置販賣特定商品的「市座」（販賣座席），握有獨家販賣的特權。

在都市地區也有愈來愈多常設的商店，類似現代的小商店在室內展示商品，稱為「見世棚」，此外還出現了販賣特定商品的市場，比方京都的米場、淀（今京都市伏見區的一個區塊）的魚市場。另一方

主要特產品

釀酒業

柳酒（京都）、**天野酒**（河內）、**菩提山**（大和）、**灘**（攝津）等

織物

西陣織（京都）、**加賀絹**（加賀）、**絹織物**（丹後）等

刀劍

長船（備前）、**關**（美濃）等

陶器

美濃燒（美濃）、**古瀨戶**（尾張）等

和紙

美濃紙（美濃）、**杉原紙**（播磨）、**鳥之子紙**（越前）等

日用品

鐵鍬（出雲）、**輪島塗**（能登）、**釜**（筑前）、**鍋**（河內）等

面，連雀商人（背著稱為連雀的工具將商品綁在上方，沿街銷售的商人）、振賣（喊著商品名稱沿街叫賣的商人）等「行商人」也增加不少。行商人另外有個特色就是以女性居多，像是京都的大原女（將柴薪頂在頭上叫賣的女商人）、桂女（販賣桂川香魚的女商人）等。

商人與手工業者一樣，會組織成座，而且還會從朝廷或領主獲得稱號，像是和朝廷合作的就是「供御人」，與寺社合作的商人則獲得「神人」稱號。供御人與神人因為會繳交一定的營業稅給領主，可以獲得各種特權，像是獨家銷售或是豁免關錢（關所的通行稅）。

最具代表性的商人、職人之座，可列舉出像是成為朝廷藏人所（擔負類似天皇祕書事務的單位）供御人的鑄物師之座，還有成為京都石清水八幡宮神人（負責神社雜物的人）的大山崎離宮八幡宮油商人之座等。

藏人所鑄物師在港口與港口之間運用廻船，將商圈拓展到全國範圍；大山崎油神人則在畿內與美濃國等超過十個領國，取得販賣油品與購買荏胡麻的獨家授權。像這樣，有神社加持的背景之下，運用特權將生意做得有聲有色。

然而，特定商品的獨家銷售有很多弊端，在現代也有「獨占禁止法」來規範。尤其商人之間為了取得獨家銷售的權利競爭激烈，或是因為囤積米糧而造成米價高漲，這些都是造成社會重大影響的例子。

座的獨占生意直接造成了一群新興商人的不滿。不久之後，座會受到支持新興商人的戰國大名解散，商業買賣將邁向更加的自由化。

以「錢幣」運作的社會——貨幣經濟的發展

商品經濟活絡之後，貨幣的流通量隨之增加，就連過去通常以米糧或勞動力來繳納的年貢，也有愈來愈多農民改以貨幣來繳納。以金錢代替物資或勞動繳納年貢就稱為「代錢納」。

為了籌措代錢納所需的貨幣，農民在市場上以稻米之外的商品來變現，市場發展得愈來愈大。

只不過，錢幣迅速普及之後，也引起了物理上「錢幣不足」的問題。鎌倉時代在大量進口宋錢之時，仍然處於貨幣不足的狀況，但在室町時代依舊以新進口「永樂通寶」等新興國的明錢作為因應的對策。但一般對於明錢的價值評價都很低。

即使如此，還是無法消除貨幣不足的狀況，在日本國內流通起模仿中國貨幣卻粗製濫造的民間貨幣「私鑄錢」。結果到處都有「撰錢」的行為，也就是交易時商人拒收劣質錢幣，只收品質好的錢幣。

由於撰錢有礙交易順利進行，幕府與守護紛紛制訂劣幣混入良幣的比例，或是提出禁止特定劣幣流通的「撰錢令」來規範撰錢的行為等等，針對撰錢祭出各種對策。然而，因為無法從根本解決貨幣不足的問題，劣幣依舊持續流通。

那麼，為什麼幕府或朝廷不發行公版貨幣呢？據說是因為律令制瓦解，朝廷便再也無法發行在市場具有公信力的貨幣。順帶一提，其實日本在八～十世紀也曾自行發行過「皇朝十二錢」等貨幣，但後來就消聲匿跡了。

貨幣經濟的發達也促進了金融業者的活動。土倉、酒屋等高利貸業者就是最具代表性的例子。雖然不斷出現德政一揆使得土倉、酒屋這些行業走下坡，但其中也有人就

永樂通寶。上下右左各有「永」、「樂」、「通」、「寶」幾個字。

此翻身，成為有「豪商」之稱的大規模商人。

另一方面，在地方產業活絡之下，遠距交易也隨之興盛。水陸交通網發展之後，迴船的往來也變多了。為了在交通重地負責物資運送及保管而設的業者「問（屋）」，之後還發展為批發業者「問丸」，「問丸」也負責銷售當作年貢繳納的米糧，以及保管作為年貢的商品。

至於通往京都的運輸路線上，稱為「馬借」、「車借」的這些運輸業者也大大活躍。有了結合各地的交通網發展下，交易雖然變得興盛，但幕府設置的關所通行稅也會影響商業交易。室町時代設置的關所，並不像江戶時代是為了「限制人員出入」，絕大部分原因是幕府、朝廷以及寺社為了獲得通行費才設置的，到了戰國時代這個制度也廢除了。

此外，當時遠距交易的問題就出在要運送大量錢幣的重量。為了解決重量的問題，日本也出現了當時義大利等地逐漸普及的「兑匯」概念，愈來愈常見到在物資運送完之後，在當地兑換一定現金的證明，稱為「割符」。

日本的「北」與「南」——阿伊努與琉球

中世紀的日本，對於現在的北海道與沖繩都認為是日本的「外圍」。雖然蝦夷地（今北海道）與九州大約自鎌倉時代就在進行交易，但在室町時代這層關係卻出現了變化。

與自鎌倉時代就居住在蝦夷地的「阿伊努民族」交易而獲得利益的安東氏，以津輕的港口城鎮「十三湊」（今青森縣）作為據點。進入十五世紀後，判斷應為安東氏勢力之下的一群人移居到了蝦夷地之南（今北海道渡島半島），移居到這裡的人稱為「和人」。

和人在蝦夷地建造了稱為「館」的城廓。志苔館、箱館（都在現在的北海道函館市）等主要的館，通稱為「道南十二館」，從志苔館已證實出土大約三十七萬枚中國錢幣。從此窺見當時榮景的出土物品可推測，這個地方應該是交通、往來的要塞。現在道南地區的大都市「函館」之名也是來自於當時的館。

然而，和人與阿伊努族交易時，經常是和人單方面施壓，造成雙方經常起衝突。

一四五七年（長祿元年），以和人殺害阿伊努少年這起事件[3]作為導火線，阿伊努首領胡奢魔犬帶領眾人發起戰爭。在這場戰役中和人受到重創，道南十二館也幾乎全遭攻陷。

留下的僅有安東氏的「茂別館」（今北海道北斗市），以及勢力較安東氏增強得更快的蠣崎氏（後來的松前氏）的「花澤館」（今北海道上之國町）。

原為蠣崎氏客將的武田信廣，趁著叛亂時掌握了蠣崎氏的軍事指揮權。打敗胡奢魔犬之後，信廣入贅蠣崎氏，更繼承了蠣崎氏。日後，蠣崎氏成為道南地區的統治者。

繁榮的十三湊到了十五世紀後半突然迅速衰退，失去了作為港灣城鎮的功能。十三湊據說遭到當時日本海一側嚴重的「飛砂」所掩埋，然而並不確定是否真的只因為飛砂而導致衰退。也有另一種說

此時此刻的世界大事？

1455年英格蘭薔薇戰爭開戰

在英格蘭的兩大家族——蘭卡斯特家族與約克家族，為了爭奪繼承英格蘭王位，展開了「薔薇戰爭」。由於兩大家族都以薔薇為家徽，因此稱為薔薇戰爭。經過大約三十年的往來，最後由蘭卡斯特家族的亨利七世獲得勝利。

法，認為十三湊的衰退是蠣崎氏的崛起導致安東氏沒落所帶來的影響。

另一方面，琉球（今沖繩縣）則有「山北」、「中山」、「山南」這「三山」爭霸。三山各自與明國締結邦交，且自稱王國。

然而，三股勢力的平衡在一四〇六年（應永十三年）崩潰瓦解。以佐敷城（今沖繩縣南城市）為據點的尚思紹・巴志父子，攻擊三山之中公認實力最強的中山首領武寧統治的浦添城，最後擊敗武寧，取得中山的統治權。

尚氏父子陸續在一四一六年（應永二十三年）進攻山北的今歸仁城打敗山北王攀安知，一四二九年（永享元年）進攻山南的島尻大里城滅了山南王他魯每，最後統一了三山。尚巴志成為國王，建立了「琉球王國」。

琉球王國的據點，就是到了現在仍是沖繩主要知名觀光景點的「首里城」。首里城深受朝鮮及中國影響，象徵了琉球王國與大陸的連結。但首里城在一九四五年（昭和二十年）因為沖繩島戰役遭到燒毀，在一九九二年（平成四年）復原完成，結果又在二〇一九年（令和元年）因火災焚毀，目前預定在二〇二六年完成正殿修復。

琉球王國是個運用四面環海地形來發展「貿易」而繁榮的國家。明國接近三山締結邦交後，為了防治海盜、倭寇，祭出了禁止商船自由航行的海禁政策，因此，琉球王國與室町幕府同樣宣誓服從明國皇帝，開始了朝貢貿易。

然而，琉球王國不同於其他國家，受到明國特別優惠的待遇。相較於朝鮮、越南每三年一次，室町幕府每十年一次的朝貢次數，琉球王國獲准每年朝貢。此外，明國還無償提供大型船舶作為對於琉球王國的援助，甚至派遣了船員與口譯人員。除了獲得明國優渥的待遇及政策，加上明國嚴禁一般民眾之間的貿易往來，使得琉球王國成為「中繼貿易」的一大重要據點。所謂中繼貿易，就是先將貨物進口，之後再出口到其他各國。

琉球王國將進口自明國所生產的生絲、綢緞、陶瓷器等，出口到蘇門答臘島、爪哇島、印度支那半島等地，然後帶回蘇木（染料的原料）、胡椒、乳香（香料的原料）給明國。琉球王國幾乎沒有與明國的直接貿易，卻與日本有頻繁的貿易往來。只是室町幕府與琉球王國屬於上下關係，幕府似乎將琉球王國認定為所屬國。

隨著中繼貿易持續發展，琉球王國儼然是以明國為中心的東亞世界樞紐，在東亞各國之間占有不可或缺的地位。琉球王國繁榮發展，在一四五八年（長祿二年）奉國王尚泰久之命打造的「萬國津梁之鐘」上刻了一段文字，「琉球國者南海勝地　而鍾三韓之秀　以明為

輔車 以日域為脣齒 在此二中間湧出之蓬萊島也 以舟楫為萬國之津梁 異產至寶 充滿十方刹」。這口大鐘就掛在首里城正殿，可以看出當時琉球王國的驕傲與自信。

3 一名阿伊努少年向和人訂製短刀，在價格與品質上與鍛冶匠起了爭執，結果阿伊努少年遭到刺殺。

當時的琉球貿易路線

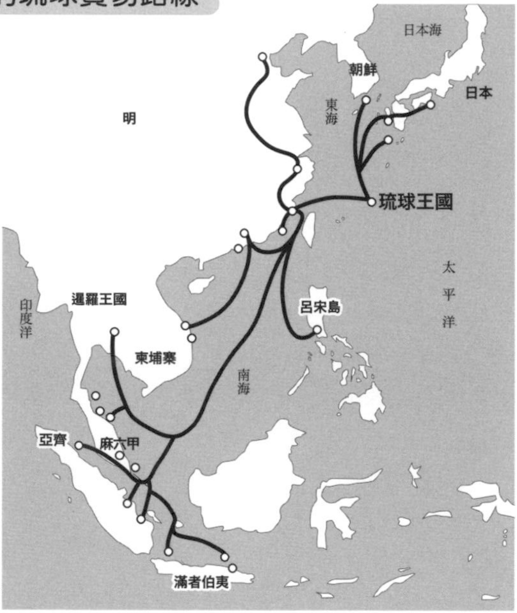
日本海
朝鮮
日本
明
東海
琉球王國
太平洋
暹羅王國
印度洋
呂宋島
東埔寨
南海
亞齊
麻六甲
滿者伯夷

以「和平」為目標——戰國大名的統治

話題回到室町時代末期的日本國內。室町幕府式微之後，各地的守護、守護代、國人等武士，紛紛憑藉自己的力量來統治領地。長期以來的體制是由室町幕府任命守護，再由守護來統治各個領地，但由於幕府勢力衰退，「由該國最具實力的武士來統治」的模式就此確立。許多代表各領地的武士日後都成長為「戰國大名」。

戰國大名統治的領國稱為「分國」，實際上是由獨立自幕府的權力來統治的地方。由於這是個講求實力的時代，戰國大名以領國的統治者、軍事指揮者之姿，建立起不輸給其他領國的統治體系。

戰國大名在自身一族與親戚的「一門」之外，又加上自古侍奉家族的「譜代」，以實力讓國人與地侍服從。國人獲得領地，並得到侍奉戰國大名的上級家臣地位；地侍則能從大名徵收的年貢中確保得到一部分，稱為「加地子」，並成為戰國大名的下級家臣。

下級家臣雖然只在作戰時要負起從軍義務，但由於大名一人無法管理這麼多人，後來演變成由上級家臣管理下級家臣的組織。而家臣之間的關係就稱為「寄親・寄子」。

戰國大名將家臣的收入以「貫高」這個統一標準來換算成貨幣，加以掌握，在確保貫高的同時，並根據貫高課徵軍役。這就稱為「貫高制」。

只不過，戰國大名與家臣之間彼此的關係是以「利益」為目的，一旦對方無法符合自己的期待，就會變得毫不留情。戰國大名要是不滿意家臣的表現便收回其領地，相反地，家臣一旦發現戰國大名沒有實力，就會迅速倒戈。

由於戰國大名同時也是領國的經營者，必須維持領國和平，並且實施各自的法律與政策，打造一個不輸給其他地方的領國。戰國大名制訂的統治領國基本法稱為

戰國大名的家臣圖

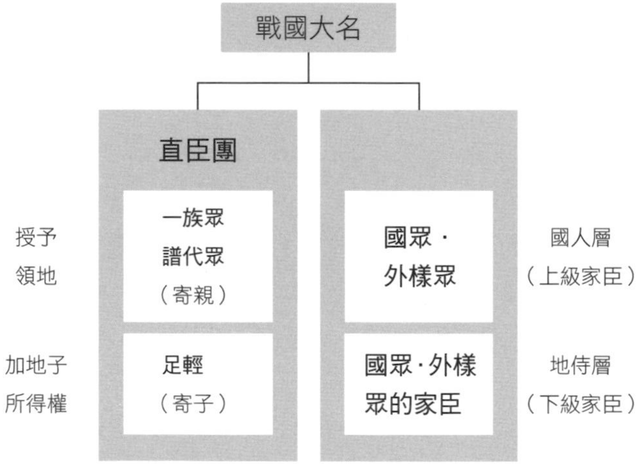

「分國法」，其中以奧州（今青森縣、岩手縣、宮城縣、福島縣）戰國大名伊達氏的〈塵芥集〉，以及甲斐（今山梨縣）戰國大名武田氏的〈甲州法度之次第〉等最為知名。

戰國大名致力於領國內不起爭吵與紛爭，萬一發生類似的狀況，必須以大名之名接受審判制裁。因為眾家臣隨意起紛爭會導致國力衰退，甚至很可能動搖領國的統治權。

分國法展現了公平的審判標準，另外像是「喧嘩兩成敗法」（無論任何原因，只要引起爭執，騷動者雙方都判死罪）、「連座制」（個人犯罪，全村居民必須一起受罰）這些新制訂的法律，都顯示了公平的審判基準，目的在於希望讓家臣願意接受審判，也獲得一定的評價。話說回來，分國法的內容裡有許多是在中世紀社會已成為常識的法律，有人認為其實並沒有太創新的地方。實際上，有些不太遵守分國法內容的人，或是像織田信長、德川家康這些成為勝者的大名也未制訂有系統的分國法，由此可知，確實可能對社會的影響相當有限。

戰國大名需要掌握新征服的土地實際狀況，於是推動地主主動申報土地面積與生產力的「檢地」。主動申報的檢地稱為「指出檢地」，戰國大名會將檢地的結果整理成「檢地帳」，掌握實況。

由於戰國大名是以檢地帳作為決定租稅與軍役的憑據，檢地帳可說是經營領國不可或缺的物品。各個大名對於檢地的看法不盡相同，但以相模國（今神奈川縣）為據點的戰國大名北條氏落實的檢地制度，與之後豐臣秀吉實施的「太閤檢地」的準確度，相當接近。

要在戰國的戰亂中勝出並維持和平，就必須增強國力。戰爭需要花費金錢，一旦領國變得貧窮，也會影響戰況。

戰國大名紛紛致力於建設城下町、開發礦山，以及大河川的治水灌溉事業，試圖增強國力。從礦山大量挖掘的金、銀，因為來自朝鮮的技術「灰吹法」的普及而使

戰國時代的分國法（例）

一、有關引起爭執、騷動，無論任何原因皆須受罰。然，若受到挑釁能克制者得免受懲罰……

（甲州法度之次第。原文為漢文）

一、除了當主的壘館（砦），領國內務必還要多築城牆。所有大身（高祿武士）皆需遷居一乘谷，其鄉村領地僅留代官下司居住。

（朝倉孝景條條）

得產量大增。所謂的灰吹法，是將礦石中取出的金銀與鉛的合金置於鋪在炭灰的容器中加熱，讓炭灰滲入鉛中，最後留下金銀的煉製方式。這個方法在舊約聖經中也有記載。當時的礦山比較知名的有佐渡金銀山（今新潟縣）、石見銀山（今島根縣）、生野礦山（今兵庫縣）等幾處。

治水事業能讓村莊免於水患，穩定耕作收成，水路流經都市，除了有防禦功能也能利用作為物流通路。至於著名的治水工程，則有一五六〇年（永祿三年）左右的「信玄堤」，這道堤防位於氾濫風險極高的甲斐國釜無川與御敕使川的匯流處，由武田信玄打造而成。信玄堤號稱長達一千八百公尺，河岸設有霞堤（堤防不連續而在每一段設有斜切開口，讓水位可以降低），是一道非常優越的堤防。

往來繁盛的貿易背後──貿易的各種問題

室町時代初期，日本與明、朝鮮都建立起了良好的關係，透過貿易獲得龐大利益。然而，自室町時代中葉左右，日本與明、朝鮮之間的關係出現了變化。

朝鮮看到九州、中國地區的守護大名、有力守護為了想在日朝貿易獲利，紛紛派出使者後，便想趁機控制貿易。一四四三年（嘉吉三年），朝鮮與賦予各項貿易特權的對馬國（今長崎縣）守護宗氏，簽訂了明載多項貿易限制的「癸亥條約」。其中限制宗氏一年只能出航五十艘船進行交易，這對於國內缺乏產業、農地，只能仰賴貿易的對馬國來說，經濟大受打擊。

宗氏與朝鮮的貿易港僅限於富山浦（釜山）、乃而浦（薺浦）、鹽浦（蔚山）這「三浦」。另一方面，三浦與首都漢城（現在的首爾）都設有接待日本使節進行貿易的居留處，稱為「倭館」。

貿易利潤減少後，日本勢力為了蒙混貿易次數的限制，派遣了「假使者」前往朝鮮進行交易，企圖繼續維持利益。但在朝鮮發現之後引發問題，往後的貿易限制變得更加嚴格，只有持朝鮮發放的「牙符」者才能進行貿易。

當時獲得特權的三浦居民過得很優渥，據說住在三浦的日本人曾多達三千人。

但是隨著人數增加，走私等違法的行為層出不窮，後來朝鮮針對在三浦的日本人更多加了居住權限制以及課稅等規範。

一五一〇年（永正七年），一群反彈的日本人獲得宗氏的協助，引發「三浦之亂」，卻不敵朝鮮的兵力而落敗。戰後日朝關係嚴重惡化，雙方一度斷交，原先帶來龐大利益的日朝貿易也隨之衰退。

就在這個時期，日明貿易也出現了變化。因為應仁・文明之亂（一四六七年

日朝貿易主要的進口、出口貨物

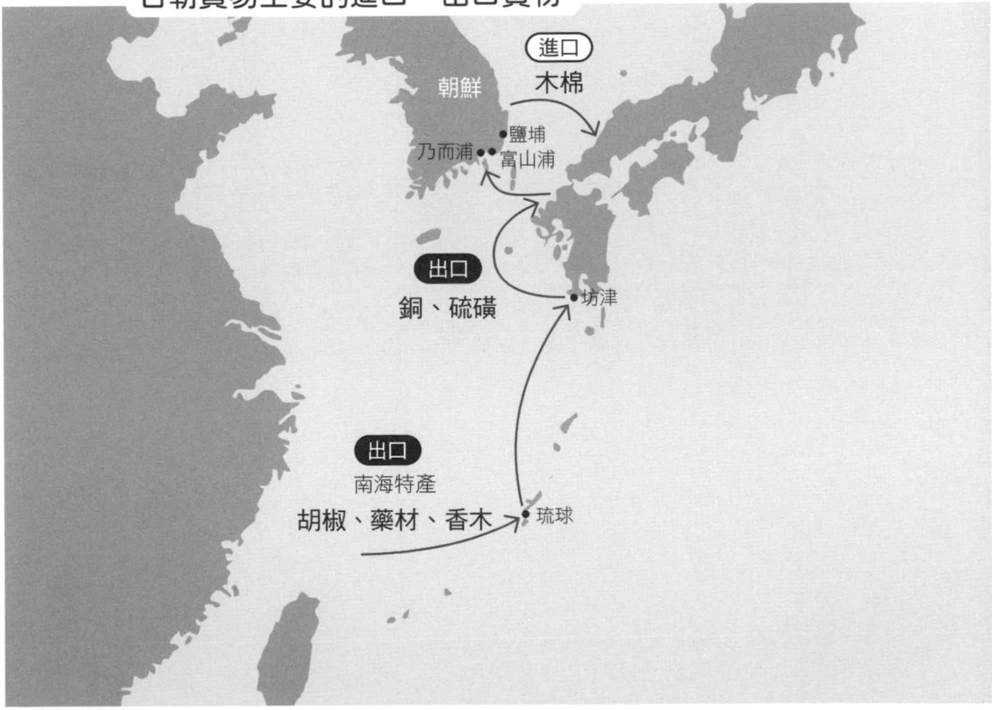

（應仁元年）～一四七七年（文明九年）），以及明應政變（一四九三年（明應二年）），有力守護大名在政治上的影響力變強之後，帶來龐大利益的日明貿易實權就落在與商業都市——堺（今大阪府中南部）的商人結盟的細川氏，以及與西國玄關——博多（今福岡市一部分）商人結盟的大內氏等人手中。

細川、大內兩者競爭激烈，一五二三年（大永三年），雙方在明國寧波為了爭取貿易的先後順序，大內氏的使者殺害細川氏的使者，還燒毀對方的船隻，引發「寧波之亂」。大內氏雖然因此成功獨占日明貿易，卻因為亂事中在明國多次滋事擾亂，讓明國對於日本的貿易也設下許多重大限制。

一五五一年（天文二十年），大內氏敗給陶晴賢之後滅亡，日明貿易（勘合貿易）就此斷絕，同時倭寇活動愈來愈猖狂。這個時期的倭寇稱為「後期倭寇」，由日本人、中國人及葡萄牙人合作，不時出現走私及海上偷盜的行為。

倭寇之中出現了強而有力的領導者。明國出身的王直掌控了走私業務，還在日本的平戶、五島（今長崎縣平戶市、五島市）設置根據地。王直指揮一群帶有豐富國際色彩的船員，以及數百艘船的船隊，甚至自稱為「王」。與平戶領主松浦隆信等日本大名也有往來的王直，在一五五七年（弘治三年）因應明國浙江（今浙江省）總督胡宗憲的請求，接受招撫。明國在逮捕王直之後，立刻撤回當初不追究其罪刑的約定，兩年後將王直處決。

王直死後，後期倭寇的勢力逐漸消退。至於日本的狀況，豐臣秀吉在一五八八年（天正十六年）公布「海賊取締令」，下令西國大名取締倭寇，讓倭寇消聲匿跡。秀吉的海賊取締令與禁止武士以外人士佩帶刀械的「刀狩令」在同一天公布，因此也稱為「海上刀狩令」。

column 4

派遣到朝鮮的大量「偽使」

由宗氏主導而出現的大量「冒牌外交使節」

與朝鮮進行貿易獲利的宗氏，後來因為朝鮮《癸亥條約》的貿易限制策略而陷入危機。自這個時期起，陸續有「冒名幕府重要人物的外交使節」來到朝鮮。曾被冒名的有身為守護大名的畠山義忠、京極持清、山名教豊等人。

然而，看看這些在幕府擔任要職的人物，就會發現不對勁的地方。像是向來對朝鮮外交毫不關心的幕府眾要員突然一起派遣使者，或是當時不任管領的人卻自稱管領等等。在朝鮮的紀錄中出現的重要人士，就是主要由宗氏等人任意使用他人姓名、官職派遣到朝鮮的「冒牌外交使節」。

宗氏之所以派遣冒牌的外交使節，目的是為了規避《癸亥條約》中制訂的貿易限制。宗氏藉由偽造印鑑、假冒人物來推動外交，從中獲利。

雖然後來朝鮮終於發現了偽使的存在，但

重要文化財 宗家舊藏 圖書・木印（收藏者：九州國立博物館 攝影者：落合晴彥）。

因為擔心偽使轉為海盜，朝鮮方面並沒有祭出嚴格的對策。當時的將軍足利義政曾向朝鮮國王要求引進「牙符制」（由朝鮮方面與日本方面分持牙符，用以防止偽使的審查制度），擬定出防止偽使的對策。

然而，宗氏利用戰亂時取得了牙符，反倒藉此助長了偽使的存在。宗氏在資訊戰中搶得優勢，運用巧妙的外交從朝鮮大大獲利。

全球化的開端——大航海時代

中世紀的日本，與中國、朝鮮等大陸國家積極展開貿易，此外，進入戰國時代後，與過去無法抵達日本的西班牙、葡萄牙等西方國家也陸續接觸下，日本社會迎來巨大的變化。

西班牙、葡萄牙人抵達日本的背景，是因為「大航海時代」的來臨。當時的歐洲在船舶技術、羅盤指南針方面持續改良進步，已經能實現遠洋航海。

受到馬可．波羅著作《東方見聞錄》[4]（一二九九年完成）將Cipangu（日本）形容為「黃金之國」的影響，以及關注亞洲出產的黃金、辛香料等，帶動歐洲人前往亞洲發展的企圖心。其中又以在歐洲大陸西南端伊比利半島上與伊斯蘭勢力作戰的西班牙與葡萄牙，因為赴海外傳布天主教的意識強烈，把亞洲視為理想的傳教地區。

葡萄牙方面，在有「航海王子」之稱的恩克里王子帶領下，推動南下政策，一四八八年航海家迪亞士抵達非洲最南端的「好望角」。一四九七年，達伽馬（Vasco da Gama）發現印度，在西岸城市卡里卡特登陸，成功將香料帶回葡萄牙。

至於西班牙，一四九二年受到英女王伊莉莎白援助的哥倫布抵達了美洲大陸。一五二二年葡萄牙人麥哲倫率領西班牙艦隊完成繞行地球一週等等，從歐洲開啟了通往世界的航線。

此時，「大航海時代」揭開序幕，尤其西班牙與葡萄牙更是積極前進亞洲。葡萄牙在一五一〇年於印度果阿設置據點，開始進軍東南亞。接下來在馬來西亞的麻六甲以及澳門也設置據點，加入以明國為主及日本、朝鮮、琉球等東南亞地區的貿易往來。另一方面，西班牙在一五七一年占領菲律賓，打造都市馬尼拉。西班牙之後也以馬尼拉為據點，試圖在東南亞貿易中獲利。

然而，葡萄牙與西班牙進軍日本的程度似乎有所落差。起初西班牙將主力放在殖民中南美地區，並將自墨西哥、祕魯等地獲得的白銀運送到馬尼拉，再向中國商人購買絲綢運送到墨西哥。因此，對於日本的關注程度不如葡萄牙。

日本首次有歐洲人來訪，據說是在一五四三年（天文十二年）左右。當時有葡萄牙人在王直的船隊中，便以王直船隊的一員登陸種子島（今鹿兒島縣）。相傳當時種子島當主種子島時堯看到葡萄牙人攜帶的鐵炮[5]大為驚奇，還要自己的家臣學習如何製造。

自從葡萄牙人登陸種子島之後，幾乎每年都會造訪九州。由於日本對於中國生產的生絲需求量很大，葡萄牙人會將中國的生絲運送到日本，交換日本出產的白銀，進行中繼貿易獲取利潤。

西班牙晚了葡萄牙約四十年，在一五八四年（天正十二年）來到平戶，開始與日本有貿易往來。日本人以中國稱呼來自南方異族的蔑稱「南蠻人」來稱呼葡萄牙人與西班牙人，因此日本與兩者的貿易就稱為「南蠻貿易」。南蠻貿易是日本出口產量增加的白銀，進口鐵炮、火藥，以及中國生產的生絲。由於葡萄牙人與九州的松浦、大友、大村、島津氏等戰國大名進行貿易，他們也獲得了龐大的利益。南蠻貿易主要的貿易港有平戶、長崎、府內（今大分縣大分市）、鹿兒島等，不僅博多商人，就連京都、堺等地的商人也遠道而來加入交易。

因為南蠻貿易而進入日本的鐵炮，自戰國時代中葉一五四三年（天文十二年）之後，迅速拓展到全日本各

此時此刻的世界大事？

1541年喀爾文著手宗教改革

受到在德國推動宗教改革的馬丁・路德影響，宗教改革家約翰・喀爾文（Jean Calvin）在瑞士日內瓦展開宗教改革。喀爾文提倡的「預定論」重視勞動，因此也被評論為是近代資本主義的根源。

地。最初鐵炮僅仰賴來自葡萄牙的進口，最後終於成功國產化[5]。堺與國友（今滋賀縣長濱市）就是當時著名的鐵炮產地，織田信長和德川家康等多位大名也大量取得鐵炮。鐵炮改變了長久以來的戰爭方式，多位大名開始在軍隊中設置「鐵炮眾」。是否擁有鐵炮以及其數量，也成為戰爭中勝敗的主因。

另一方面，南蠻貿易通常也會將貿易與傳布天主教結合進行，因此南蠻貿易的活絡也連帶使得天主教更加普及。

4 即《馬可·波羅遊記》。
5 即火繩槍。

地方的覺醒──都市發展

室町時代的後半期，在日本各地產生了延續到現代的「都市」原型。

戰國大名將主要的家臣與工商業者集結到「城下町」，為了提升與城下町的連通，除了建設領國內的交通網，還有廢止關所以及開設市場，試圖提振商業活動。過去因為防守考量而大多建設在山裡的城，在這個時期也逐漸往平原上打造，有很大的因素是出於商業考量。

戰國時代初期具有代表性的城下町，有後北條氏的小田原（今神奈川縣小田原市）、今川氏的府中（今靜岡縣靜岡市）、大內氏的山口（今山口縣山口市）等地，與現今的地方主要城市幾乎一致。然而，朝倉氏的一乘谷（今福井縣福井市）同樣是戰國時代繁榮的城下町，卻因為朝倉氏滅亡之後被遺忘了很長一段時間，也有這類日後沒落的城下町。

除了城下町之外，「門前町」與「寺內町」也有顯著的發展。所謂的門前町，就是在地方上的中小寺院周邊形成的小城鎮，其中具有代表性的，有伊勢神宮所在的宇治・山田（今三重縣伊勢市）、信濃善光寺的長野，以及比叡山延曆寺的坂本（今滋賀縣大津市）等。

至於寺內町，主要指的是在淨土真宗寺社區域內形成的城鎮，像是本願寺所在的山科（今京都市）、石山（今大阪市），以及金澤（今石川縣金澤市）等地。在門前町與寺內町的發展下，寺社在經濟上也變得寬裕，保有與戰國大名對立的實力。

此外，在寺內町等地原則上是「自由交易」，多半是不承認座之專賣特權的「樂市」。戰國大名尊重寺內町的原則，且發出禁止座之專賣並徵收市場稅的「樂市樂座令」，追認樂市的特權。提到樂市樂座，很多人會聯想到織田信長，其實在信長崛起之前已經存在樂市樂座的概念。

全國的城下町、寺內町發展更加促進遠

當時興盛的城主與城下町

距交易，進而帶動途中的「宿場町」[6]以及物流據點「港町」的繁榮。其中因為工商業發展而致富的業者成立了自治性的組織，自治都市也因而誕生。

具有代表性的自治都市有因為日明貿易而繁榮的堺、博多、平野（今大阪府大阪市）、桑名（今三重縣桑名市）、大湊（今三重縣伊勢市）等地。

堺與博多的繁榮尤其顯著，堺是由千利休、津田宗及、今井宗久等三十六人（也有一說實際上只有十人）的「會和眾」，而博多則由十二名稱為「年行司」的富商，在眾人合議之下經營都市。

堺的繁華模樣曾讓葡萄牙傳教士維萊拉（Gaspar Vilela）寫下：「堺是全日本最安全的地方，就跟威尼斯一樣由執政官來治理。」然而，堺的富商並沒有脫離武家的統治，反倒與細川氏、三好氏等強勢的武家結盟，以確保自己在自治都市的地位。

至於政治都市京都，也有以工商業者為主的「町眾」成立的自治組織「町」。在分成京都北部「上京」與四條通以南「下京」發展的京都，町制訂特殊的規則，甚至組織軍隊來自衛，自治執行得非常澈底。

此外，也出現了由數個町集合而成的組織「町組」，町與町組則由町眾之中選出的「月行司」來經營運作。應仁．文明之亂時荒廢的京都，後來便由以富豪為主的町眾出手重建振興，脫胎換骨成為商業都市。到了現在依舊為京都代表性祭典的「祇園祭」，也曾因為應仁．文明之亂而中斷，在一五〇〇年（明應九年）才由町眾重啟，性質也轉變為町眾的祭典。

6 因交通往來的驛站而發展出的小城鎮。

以貿易打造鉅富

呂宋助左衛門

Ruson Sukezaemon

生歿年不詳

堺的傳奇貿易商人

呂宋（納屋）助左衛門，是活躍於堺（今大阪府中南部）的傳奇貿易商人。助左衛門於天正年間（1573～1592年）從事海外貿易，據說他在1593年（文祿2年）從呂宋（現在的菲律賓群島）回到日本後，獻上了蠟燭、唐笠等多樣珍品給豐臣秀吉。其中助左衛門帶來的「呂宋壺」尤其受到秀吉的喜愛，使得多位大名也紛紛找助左衛門購買呂宋壺，讓他就此獲得大筆財富。

助左衛門極盡奢華的生活令秀吉感到厭惡，招致全家沒落的悲劇，但1607年（慶長12年）他遠渡重洋到了柬埔寨，據說獲得當地國王的信任。

由於沒什麼證據能證明助左衛門這個人實際存在，也有人認為這只是傳說中的人物。然而，助左衛門的傳說將當時堺的國際都市樣貌流傳至現代，1978年的大河連續劇《黃金日日》就是以他為主角。

第四章

室町時代的文化

「戰爭」與「熱愛華麗浮誇」的文化——南北朝文化

長期持續戰亂的南北朝時代（一三六六年〔建武三年〕～一三九二年〔元中九年／明德三年〕），反應社會狀態的文化相當興盛。這個時代誕生了許多優秀的軍記物（描述戰爭的故事）與歷史作品，而當代的文化便稱為「南北朝文化」。

當時的軍記故事中，最有名的就是描述南北朝時代動亂的《太平記》。記述長達五十年戰爭的本部作品，共有四十卷，出場人物超過兩千人，是一部鉅作。《太平記》由惠鎮上人、小島法師等多位僧侶參與編纂而成，推測應分為好幾個階段陸續補充到最後完成。

據說在一三七〇年左右完成的《太平記》，流傳日本各地，至今仍為眾人所閱讀。作品的影響力也很大，研究南北朝時代者幾乎一定會參考《太平記》，而《太平記》與史實的異同點也有諸多討論。

然而，指出《太平記》謬誤的聲浪從南北朝時代就已存在，今川了俊在《難太平記》（一四〇二年〔應永九年〕）裡就批評了《太平記》的內容。至於其他的軍記作品中，著名的還有描寫源義經一生的《義經記》，以及以兄弟復仇為主題的《曾我物語》等。

歷史作品方面，知名的有《神皇正統記》，此書由以南朝勢力堅持奮戰的北畠親房執筆，內容是從神話時代至後村上天皇即位的歷史，目的是為了正統化南朝的立場。南朝雖然辜負了親房的努力，在實質上敗給了北朝，但《神皇正統記》的思想甚至影響了德川光圀在江戶時開始編纂的歷史作品《大日本史》，可知後人給予相當高的評價。

其他像是從源平大戰到建武新政之間約一百五十年，以公家立場描述的《增鏡》，以及描述足利尊氏、直義兄弟建立幕府過程，主張室町幕府正統性以對抗《神皇正統記》的《梅松論》，這些歷史著

南北朝時代的主要著作

作也很知名。

至於和歌的領域，後醍醐天皇之子宗良親王編纂了集結南朝歌人作品的《新葉和歌集》，以及他的個人作品集《李花集》等。但相較於和歌，由多人創作和歌長句（五．七．五音節結構）與短句（七．七音節結構）的「連歌」在當時更為流行。

連歌的創作者稱為「連歌師」。一開始庶民也會聚集在寺院等地一起詠歌，而將連歌提升到文學境界的，則是公家的二條良基。一三七二年（應安五年），良基制訂了連歌的規則書《應安新式》，開始追求連歌的藝術性。良基本身也是很優秀的連歌師，在他親自編纂的連歌集《菟玖波集》中也留下了許多連歌作品。

另一方面，在宮中針對自古以來朝廷與武家的儀式、禮法也有諸多研究，北畠親房將日本官職制度統整集結成《職原抄》一書，後醍醐則將朝廷全年各項儀式活動整理成《建武年中行事》。

其他像是從猿樂、田樂發展出的能樂，以及臨濟宗僧侶榮西自宋國帶回的「喫茶」也變得普及。尤其接下來在日本各地流行起一同飲茶的「茶寄合」，以及猜測茶種的「鬪茶」遊戲等，可見喫茶對社會帶來的重大影響。

在南北朝的文化中，常見到大型日本太刀、華麗圖案的扇子，或是使用絲綢等奢華材料製作的服裝等，人們多半喜愛這類設計特殊的服裝與華麗搶眼的物品，當時使用了「婆娑羅」這個源自梵文「Vajra」、代表奢華、風格強烈的詞彙，以呈現文化中性喜浮誇的特色。

南北朝時代崛起的畿內武士，引領起連歌、田樂、茶寄合、插花等文化的流行。侍奉尊氏的近江國（今滋賀縣）武將佐佐木道譽，素有「婆娑羅大名」之稱，是以兼具武藝與素養而聞名的人物。

幕府對於華美且自由奔放的婆娑羅與寄合[1]都抱持警戒，經常會下達婆娑羅、寄合的禁止令，但人們仍持續熱愛婆娑羅文化。

宗教方面，鎌倉時代以來，凝聚武士信仰的臨濟宗，在南北朝時代也深受武士支持。尤其臨濟宗的僧侶夢窗

此時此刻的世界大事？

1368年法國王室誕生了圖書館

法國國王查理五世在王室內設置了圖書館。1537年法國國內誕生了全球首創的「法定送存制度」，也就是在國內出版的書籍都有義務送至王室圖書館收存，這也使得該圖書館收存了數量相當可觀的書籍。

疏石更是受到尊氏虔誠信仰。疏石向尊氏、直義兄弟提議，應悼慰長期戰亂中喪命的亡者，因此在每個領國都建設了稱為「安國寺」、「利生塔」的寺院及高塔。為了追悼後醍醐天皇，疏石建議建立寺院，他還獲得了尊氏的援助，打造了京都的天龍寺，自己成了開山祖（創建寺院的僧侶）。也因為疏石贏得了尊氏的支持，往後疏石一派的臨濟宗僧侶更加興盛。

疏石同時也是一流的文化人士，直到現代仍相當知名的天龍寺庭園、京都西芳寺庭院，在打造時他都有所貢獻，他也留下許多雋永的漢詩文作品。此外，水墨畫領域則出現了默庵、可翁等人，進而帶動流行。由此可窺禪宗文化大大發展。

1 泛指由眾人組成的自治組織。

禪與僧侶的時代——北山文化

第三代將軍足利義滿的時代，也是武家、公家雙方統治且邁向融合的時代。公武雙方的融合在文化層面也看得到，像是義滿在京都北山（今京都市北區）打造的宅邸「北山殿」（現在的鹿苑寺。一般多稱「金閣寺」）所建造的「金閣」（現在的鹿苑寺舍利殿通稱），融合了傳統的寢殿造與禪宗寺院的禪宗樣等，建築樣式揉合了各式各樣的文化特色。由於金閣的建築樣式展現了這個時代的文化特色，因此就以其所在地將這時的文化稱為「北山文化」。

義滿仿效尊氏的天龍寺，在京都打造了相國寺。相國寺是象徵義滿權力的大型建築物，當時已有超過一百公尺的七重塔。這座在日本建築史紀錄上最高的木造塔，在一四〇三年（應永十年）燒毀。

義滿持續對禪宗的保障，並且著手建立寺院等級的制度。義滿仿效南宋的制度，建立起將禪宗寺院分級的「五山・十剎制」。這樣的制度，鎌倉時代末期的執權北條貞時就曾引進到鎌倉的禪寺，後醍醐天皇與尊氏更進一步地建立。五山以與眾不同的南禪寺為頂點，然後是天龍寺、相國寺、建仁寺、東福寺、萬壽寺為京都五山，而建長寺、圓覺寺、壽福寺、淨智寺、淨妙寺，分列為鎌倉五山。

只不過，在五山之後的寺院「十剎」則並非僅有十處，各地都訂出超過十個地方。十剎之下還有「諸山」，諸山的數量更高達兩百三十處。

包括五山在內的寺院，都是幕府管理的「官寺」，幕府會設置官寺的統治者「僧錄」。第一代僧錄就任命疏石的弟子春屋妙葩擔任。

以五山為中心的禪宗文化也持續發展，因為學習中國正統禪宗的僧侶，使得將禪

京都、鎌倉的五山

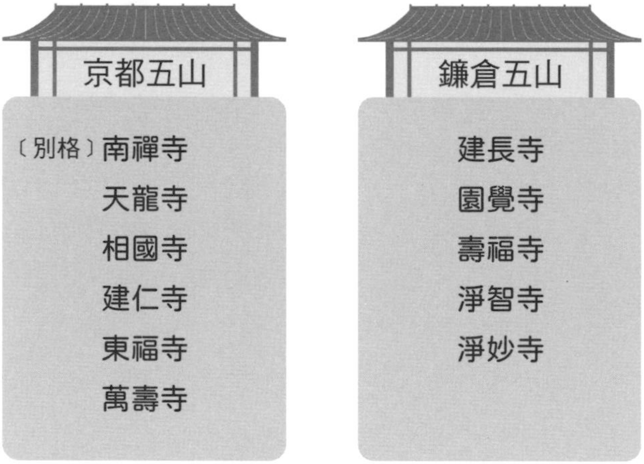

學圖像化的水墨畫逐漸普及。

擅長繪畫的僧侶稱為「畫僧」。有名的畫僧有像是畫出〈五百羅漢圖〉的明兆、以妙心寺退藏院流傳的〈瓢鮎圖〉知名的如拙，以及創作出〈寒山拾得圖〉、〈水色巒光圖〉的如拙弟子周文等人。

五山的禪僧廣受中國影響，也致力於宋學研究與漢詩文創作。五山僧侶創作的漢詩文稱為「五山文學」，師事疏石的絕海中津、義堂周信等都是五山文學的代表，廣為人知。兩人不僅是優秀的五山文學學者，還精通中國事務，身為幕府的政治、外交顧問也表現得很出色。兩人除了在與明國、朝鮮的外交往來場合中負責起草外交文書之外，也能親自作為外交使節前往明國與朝鮮。

五山也從事出版事業，以「五山版」出版禪學經典及漢詩文集，整體而言，對於中國文化傳入日本也有相當大的貢獻。

南北朝時代出現的「能」，其發展也是北山文化的特色。田樂與猿樂包含了歌舞、模仿、雜技、戲劇等多個領域的演藝演出，而主要以歌舞與戲劇構成的就是「能」。

田樂與猿樂所發展出的能，從各自的譜系可分類成「田樂能」與「猿樂能」。演變到後來還有為了寺社建設與修復而徵收入場費的「勸進能」。隨著能的發展，製作出小面、翁、尉等各式各樣的「能面」，也是這個時期的一大特色。

演出能的「能樂師」與寺社有著很深的淵源，還會組織座而成為演藝團體。有名的能樂座則有以奈良興福寺為領導的金春座、金剛座、觀世座、寶生座組成的「大和猿樂四座」。其中集能之大成的觀阿彌、世阿彌父子，就是觀世座的能樂師。兩人受到足利義滿的保障，採納田樂能以及其他座的猿樂能要素來促進能的發展。

觀世座的能稱為「觀世能」，觀世座的座長則稱為「觀世大夫」，相較之下其他的能逐漸式微，甚至後來眾人公認，「若要說能，只有大和猿樂能」。

觀阿彌、世阿彌父子參與了〈井筒〉、〈砧〉等許多等同於能樂劇本的「謠曲」，世阿彌甚至撰著了《風姿花傳》、《花鏡》等能樂專書。尤其《風姿花傳》是世阿彌以父親的教學為基礎撰寫而成，是中世紀首屈一指的能樂理論專書，獲得很高評價，也極具教育價值。

然而，身為能樂名人的世阿彌雖然廣受歡迎，卻因為代代將軍的態度使得命運大起大落。世阿彌除了有才藝之外，加上外貌出眾，獲得足利義滿大力保障，與當時的文化界人士頻繁交流，將能樂推上巔峰。不過，換上第四代將軍義持之後，偏好田樂的義持喜愛的卻是世阿彌的對手，田樂演員增阿彌。

在第六代將軍義教上位時期，世阿彌仍持續受到冷落。義教偏好的是世阿彌的侄子，也就是同為觀世座內的對手能樂師音阿彌。世阿彌一派動不動就遭到壓迫，世阿彌的長男元雅不到四十歲就身亡，而次男元能後來也捨藝出家。

不僅如此，世阿彌在七十二歲時還遭到義教下令流放至佐渡。流放的罪刑及理由不明，但據說是世阿彌的存在便就觸怒了以脾氣暴躁聞名的義教。

即使如此，仍有元能筆錄下世阿彌種種的《申樂談儀》等，以及世阿彌相關的多數著作，流傳後世。

觀阿彌、世阿彌部分作品

觀阿彌

〈自然居士〉
〈卒都婆小町〉
〈四位少將〉
〈通小町〉（原作）
〈江口〉（原作）
〈松風〉（原作）
〈求塚〉（作曲＊或是作詞）

世阿彌

〈老松〉
〈高砂〉
〈井筒〉
〈西行櫻〉
〈砧〉
〈班女〉

著有能樂理論《風姿花傳》、《花鏡》、《至花道》等。

世阿彌最後就在失意之中，於一四四三年（嘉吉三年）過世。但觀阿彌、世阿彌父子兩人在身亡之後仍有極高評價，延續觀世座流派的「觀世流」到了現代仍是日本能樂主流。

此時此刻的世界大事？

1434年科西莫回到佛羅倫斯

義大利商業都市佛羅倫斯的富商梅迪奇家族一員科西莫（Cosimo），在經歷一段時間的放逐之後回到此地。延續父親喬凡尼（Giovanni）打下的銀行經營基礎以及對藝術家的保護，奠定了接下來佛羅倫斯迎接「文藝復興」的基礎。

愛好「簡素」與「和」的文化——東山文化

第八代將軍足利義政的時代發生了應仁．文明之亂，導致政治、社會陷入混亂，室町幕府也隨之衰退。然而，義政本身在文化上有相當深的造詣，尤其在義政退任將軍之後，室町文化有了重大發展。

義政仿效義滿，在京都的東山（今京都市東山區）打造宅邸，建造了觀音殿（現在的慈照寺觀音殿。一般通稱「銀閣」）。銀閣與義滿打造的舍利殿（通稱「金閣」）形成對比，積極納入日本風格的巧思，展現了以禪學精神為基礎的「簡素」，以及從連歌世界發展出的「幽玄」（深度、層次）、「侘寂」等意識。銀閣也和金閣一樣，是充分呈現當代文化的建築物，而當時的文化即稱為「東山文化」。

東山文化代表性的建築方式是「書院造」。由床之間、交錯層板及書院等組成，房間以障子門隔開等形式，一般公認是近代所說的「和室」原型。最具代表性的書院造空間就是東山殿（現在的慈照寺。通稱「銀閣寺」）裡「東求堂」中的一室「同仁齋」。

書院造的住宅與禪宗樣寺院設置的庭院，也有許多優秀的作品。像是京都龍安寺的石庭、大德寺大仙院的庭園，都是箇中代表，使用岩石、砂粒組合打造出自然風景的巧思，就稱為「枯山水」。

從事作庭造景的是一群稱為「河原者」[2]的人。為義政宅邸打造庭園的善阿彌就是河原者的代表，善阿彌之子小四郎、孫子又四郎也都是很出色的造園師。河原者留下了許多優秀的成果，但當時的河原者雖然在社會上有一定需求，仍遭受身分歧視對待。不過由於義政召集了包括河原者在內以及在造園、花道、茶道等才藝出眾的人，這些人也成了東山文化的引領者。

許多才藝出眾的人，像是世阿彌、善阿彌等人，名字中都會有「阿彌」，其中甚至有跟在將軍身邊負責雜務，成為「同朋眾」的一員。具有代表性的同朋眾有立花（初期的插花）名人立阿彌，以及在水墨畫及連歌領域表現優秀、有「三阿彌」之稱的能阿彌、藝阿彌、相阿彌等人。

由於住宅樣式的變化，開始流行設置掛軸、襖繪[3]，以及裝飾鋪設榻榻米的座敷[4]，因此，水墨畫的世界也迎來全盛時期。北山文化時代活躍的如拙、周文門下弟子雪舟，在四十出頭嶄露頭角，運用他浪跡明國等國家的經驗，陸續描繪出像是〈四季山水圖卷〉、〈秋冬山水圖〉、〈天橋立圖〉等知名畫作。

眾所周知，雪舟直到晚年仍然相當積極熱中於創作活動，〈天橋立圖〉完成時是一五〇一年（文龜元年），據說他已經八十歲。而且雪舟為了這幅畫作還親自走訪天橋立，以這個年紀來說體力可說是相當驚人。

雪舟在水墨畫的作畫技巧上集大成，將強烈受到中國影響的禪畫以日式水墨畫形式發展。雪舟的畫風也影響了其他畫家，像是主要在東國活動的畫家雪村，就留下了〈風濤圖〉等帶有雪舟風格的作品。

相對於深受中國影響的水墨畫，具備日本特殊畫風的「大和繪」也有顯著的發展。幕府的御用繪師狩野正信、元信父子在水墨畫中加入了大和繪的要素，開創了嶄新的流派「狩野派」，創作出的〈周茂叔愛蓮圖〉、〈大仙院花鳥圖〉等，即為狩野派代表作。

天橋立圖（京都國立博物館）。

狩野派的畫作深受戰國大名喜愛，織田信長與豐臣秀吉也相當熱中。到了江戶時代狩野派仍維持勢力，因此有「日本畫史上最大畫派」之稱。

至於雕刻的領域，隨著能樂流行，能面的製作技術更加進步。工藝方面有金工後藤祐乘留下許多裝飾刀劍的優美作品，漆工藝的代表是眾所皆知的「蒔繪」[5]，隨著技術進展，這時也有許多硯箱[6]、手箱[7]作品。

茶道的重大發展也是東山文化的一大特色。南北朝時代的茶道，原先是在豪華的空間中一起飲茶，但茶人村田珠光開創了「侘茶」形式，也就是在簡雅的和室中追求心靈的平靜。侘茶之後由堺的茶人武野紹鷗繼承，然後到了千利休時完成。

在花道方面，在座敷床之間裝飾「立花」，也就是直立插花的方式逐漸普及，立花名人除了立阿彌之外，還有京都六角堂的僧侶池坊專慶等。池坊成為立花名門，之後還有池坊專應、池坊專好等人，確立了立花的領導地位。

此外，燃燒香木散發香氣，眾人猜猜香的種類，稱為「香寄合」，在這時也很流行，公家的三條西實隆等人將「香道」發揚光大。

然而，室町時代後期的公家因為京都荒廢及地方戰亂，使得政治、經濟能力喪失，因此專注於有職故實（自古以來的儀式、禮法）以及古文等傳統學問的研究。公家著名的例子就是一條兼良，他留下了許多優秀的作品，像是針對統整朝廷全年各項要事《公事根源》、《源氏物語》的註釋專書《花鳥余情》，以及獻給第九代將軍足利義尚的政治專書《樵談治要》等。然而，就連擁有「日本無雙之才」美稱的兼良，也因為政治與戰亂的作弄，在應仁・文明之亂時歷經苦難疏散到地方都市，在一四八一年（文明十三年）身亡。

後來連公家的勢力也逐漸衰退，只能過著接受戰國大名援助的生活。

在和歌的領域，平安時代編纂的《古今

狩野派的畫家

狩野正信	〈周茂叔愛蓮圖〉、〈山水圖〉、〈崖下布袋圖〉等
狩野永德	〈唐獅子圖屏風〉、〈洛中洛外圖屏風〉、〈許由巢父圖〉等
狩野山樂	〈牡丹圖〉、〈松鷹圖〉、〈車爭圖屏風〉等
狩野山雪	〈歷聖大儒像〉、〈長恨歌繪卷〉、〈雪汀水禽圖屏風〉等
狩野探幽	指揮二條城障壁畫製作、大德寺本坊方丈障壁圖等
河鍋曉齋	〈地獄極樂圖〉、〈花鳥圖〉、〈山姥圖〉等
狩野芳崖	〈櫻下勇駿圖〉、〈不動明王圖〉、〈悲母觀音〉等

和歌集》相當受到重視，而《古今和歌集》的解釋只靠特定人士以口頭相傳，這種方式叫做「古今傳授」。身為武士同時也是歌人的東常緣，將古今傳授傳給連歌師宗祇，私底下祕密傳承。此外，歷史書《日本書紀》的研究也有所進展。在京都吉田神社（今京都市左京區）擔任神職的吉田兼俱，以認為「佛乃是神之化身」的「反本地垂迹說」[8]為根據，完成了提倡神道中心主義的「唯一神道」。吉田家後來也為日本神社界帶來莫大影響，唯一神道在江戶時代廣為流行。

由受到戰亂色彩影響的南北朝文化為開端的室町時代文化，經過豪華莊嚴的北山文化，到了簡雅與重視和風的東山文化時代趨於完成。近年來有些人認為，室町時代的文化不該以義滿與義政時期為頂

此時此刻的世界大事？

1485年完成了「維納斯的誕生」

文藝復興時期活躍於佛羅倫斯的畫家波提切利（Sandro Botticelli），描繪女神從海浪中誕生的一幕——〈維納斯的誕生〉。據說畫中維納斯的模特兒是當時佛羅倫斯的第一美女維斯普奇（Simonetta Cattaneo Vespucci）。

點的「東山文化」、「北山文化」來區分，而該以整個脈絡之中的「室町文化」來看待。可以肯定的是，室町文化為流傳到現代日本的「傳統文化」打下了基礎。

2 社會最底層的階級。
3 襖門上的繪畫。
4 如同客廳的空間。
5 在漆器上以金銀等色粉繪製圖案裝飾，為日本傳統工藝技術。
6 用來收放文具等物的盒子。
7 收放化妝品、隨身物品的小盒子。
8 「本地垂迹説」為日本佛教興盛時的一種思想，認為神明是佛、菩薩化身，神佛具有同等地位。

column 5

傳教士眼中的「日本」

為日本人沒注意到的「日本」仔細留下紀錄的傳教士

室町時代後期，將戰國時代日本的樣貌流傳到現代的，正是外國傳教士寫下寄回母國的書信。

他們將日本人自己並未特別留意的習俗、文化、特色等逐一記錄下來。因此，對於要了解當時的日本樣貌是相當珍貴的資料。

首位記錄日本樣貌的歐洲人，據說是傳教士方濟．沙勿略（Francis Xavier）。沙勿略稱讚日本人是「最優秀的國民」，尤其對於人民有禮、重名譽的精神更是有極高評價。

傳教士之中特別以「日本通」知名的路易士．佛洛伊斯（Luís Fróis），在日本長期駐足，且與織田信長等人也有密切往來，更著作了天主教傳教史《日本史》。

在佛洛伊斯的紀錄中，提到日本人傳說歐洲人都是「有四顆眼睛的恐怖生物」、在日本到處都有暗算突襲的人、日本的建築物很乾

聖方濟・沙勿略像（神戶市立博物館）。
下方文字是萬葉假名，寫著「瑳聞落怒青周呼山別論廖瑳可羅綿都　漁父環人」。重要文化財。

淨、建築技術精湛等等。

佛洛伊斯對人物的評論也值得玩味，他認為信長「雖然脾氣暴躁很嚇人，但很會作戰，是深受家臣崇拜的優秀人物」，另一方面，評論秀吉則是「很明顯好女色且物慾強烈，是所有人都討厭的醜惡人物」。

傳教士對日本的評論反映了當時日本的實際面貌，但傳教士的評論在本質上也有「對天主教表示友善的就是好人，反之就是壞人」的傾向，不可否認確實帶有某種程度的偏見。

唱歌跳舞娛樂的流行——庶民文化

室町時代在文化層面上也是庶民躍動的時代。能是在將軍等武家、公家之間流行的演藝，但這段時期也有針對庶民娛樂性較強的能出現，在日本各地於祭禮時演出。

尤其在能樂每一段空檔之間演出諷刺性極強的台詞劇「狂言」，更是受到庶民廣大的支持。狂言繼承了猿樂、田樂裡「模仿」的要素，題材選用日常生活隨處可見的場景，加上以日常對話為台詞，這些都是能讓多數人接納的原因。

至於其他受到庶民喜愛的演藝，還有配合鼓的伴奏韻律舞動的「曲舞」，以及後來成為江戶時代「淨琉璃」起源的口述故事（以口頭敘述故事給大家聽）「古淨琉璃」等。

曲舞中有一類就是以口述故事而知名的「幸若舞」。幸若舞是由演出曲舞團體中最有力的「幸若座」來演繹，因而出名。由於帶有強烈的武士要素，也深受戰國武將的喜愛。

織田信長在桶狹間之戰出戰之前曾唱過，「人間五十年，相較於天地，如夢亦如幻。一度得生者，豈有不滅乎（人生僅有五十年，跟天地萬物相較之下就像夢幻一般。既然能活這一遭，又有誰能不滅亡呢？）」的歌詞，這就是幸若舞〈敦盛〉裡的一段。

此外，歌頌男女之愛的短詩型民間歌謠「小歌」，也深受室町時代的庶民喜愛。小歌收錄在歌集《閑吟集》中流傳後世。

至於廣受武家、公家喜愛的「連歌」，也普及到庶民之間。連歌師宗祇深入鑽研《源氏物語》、《古今和歌集》等古籍，在原本娛樂性較強的連歌中，更加入了來自古籍的藝術性。他建立起稱為「正風　連歌」的歌風，並編纂連歌集《新撰菟玖波集》。宗祇與弟子肖柏、宗長等人創作的連歌集《水無瀨三吟百韻》、《湯山三吟百韻》是眾所皆知的連歌傑作，作為範本流傳後世。另一方面，與宗祇等人同樣在連歌領域表現出色的宗鑑，相對於注重格式的正風連歌，創作出更重視自由的「俳諧連歌」，並編有連歌集《犬筑波集》。這些連歌師會巡迴各地演出連歌，使得連歌深入地方，也受到諸多大名、武士、民眾的喜愛。

此外，庶民之間流行的文學，最廣為人知的就是最初在畫作留白處，以當時白話文所編寫的短篇故事「御伽草子」。御伽草子通常是任何人都能輕鬆閱讀的簡單內容，像是「一寸法師」、「浦島太郎」、「酒吞童子」等，到了現代仍相當有名的「民間傳說」。

另一方面，現在已經成了每年夏季不可或缺的「盆踊」，在室町時代也已盛行。最初是祭禮、正月或是盂蘭盆節，在都市與鄉村製作裝飾、穿上華服跳舞的「風流踊」，據說盆踊就是從風流踊發展而來。盂蘭盆節是死者亡靈從彼岸回到此岸（現世）的時節，據說是為了在現世迎接亡靈供養才開始的。不過，江戶時代之後，盆踊多了其他的作用，像是讓地方人士交流，或是成了男女邂逅的場合等，漸漸地娛樂性愈來愈強。

室町時代的庶民文化有一項特色，就是經常是多人同樂。在庶民身上看到的共同性，與惣村、一揆的理念也不謀而合。

常見的御伽草子

公家類	《時雨》、《伏屋物語》、《岩屋草子》
武家類	《小敦盛》、《橫笛草紙》、《俵藤太物語》、《酒吞童子》、《明石物語》
宗教物	《秋之夜長物語》、《三人法師》、《耳語竹》、《御用尼》
庶民物	《文正草子》、《懶太郎》
異物類	《鼠之草子》、《雀之發心》、《木幡狐》、《鴉鷺合戰物語》
異國類	《楊貴妃物語》、《二十四孝》

戰亂的副產物——普及到地方的文化與教育

應仁．文明之亂爆發後導致京都荒廢，公家也離開京都四處避難。室町幕府的權威下滑，少了來自莊園的收入後，陷入困境的公家紛紛展開莊園現地經營，或是轉向求助地方的戰國大名及有力國人。尤其後者這類公家需要武士在經濟上的援助，而武士則需要公家的「教養」。地方上的武士確實擅長武力，卻往往對於京都公家具備的格調與教養有一種特殊情結，基於對京都的憧憬而特別歡迎這些公家的到來。

對於公家的文藝展現濃厚興趣的地方武士，其中較知名的有：越前國國人朝倉氏、駿河國守護今川氏、周防國守護大內氏等人。為此，朝倉氏的根據地一乘谷（今福井市）、今川氏的根據地駿府（今靜岡市葵區）、大內氏的根據地山口（今山口市），這些地方都成了神似京都的城市，甚至還有「小京都」之稱。其中公家轉向求助特別多的就是西國霸主大內氏城下町的山口。大內氏憑藉日明貿易興盛，與公家和文化人士的交流也很深厚。

山口聚集了宗祇等多數文化人士，長年來儒學與和歌等古籍相關的研究也很興盛。這裡的人更出版了「大內版」、「山口版」等書籍，其他像是畫家雪舟、儒學家桂庵玄樹等文化人士，很多都是來自山口。桂庵玄樹也曾在薩摩國島津氏之下教授儒學，並發行南宋儒學家朱熹作註的《大學章句》日本版，留下諸多功績。至於僧侶萬里集九，走訪了中部及關東地區，在與地方人士交流下，創作出許多優美的漢詩作品。京都文化與地方文化融合，也是這個時期的一大特色。

關東地區，則以十五世紀中葉關東管領上杉憲實重整日本最古老的學校「足利學校」（今栃木縣足利市）最出名。一五四九年來到日本的傳教士方濟．沙勿略盛讚「日本最大、最有名的坂東（關東）地區大學」的足利學校，最興盛的時期有超過三千名來自日本各地的學生聚集在此。就現代而言，學生人數三千人左右的大學並不少見，而當時就已有類似的規模。足利學校在教育程度與書籍存量方面都很豐富，因此，當關東歸於後北條

此時此刻的世界大事？

1543年哥白尼發表地動說

波蘭天文學家哥白尼（Nicolaus Copernicus）懷疑當時普遍公認的「天動說」，深信地球自轉。然而，他雖然相信「地動說」，卻因為害怕遭受壓迫而不敢公開，直到死前才完成「天體運行論」，終於提出了地動說。

氏的勢力之下，仍舊受到後北條氏的保護。

地方上的武士也養成了將子弟託給寺院教育的習慣，像是初等教育的《庭訓往來》、武家基本法典《御成敗式目》、學習佛教及儒教的《實語教》、《童子教》等書籍，都是常見的教科書。

有力商人也因為工作性質，需要開始學習讀、寫、珠算等技能，不少書籍是為了他們而出版。南北朝時代，還有中國的《論語》註釋專書《論語集解》在日本印刷的《正平版論語》。戰國時代的商人饅頭屋宗二發行了在十五世紀完成的辭典《節用集》。這本辭典就是眾所周知的《饅頭屋本節用集》。這個時代不僅商人，連村落的指導者讀寫能力也隨之普及，地方文化與教育水準不斷向上提升。

勢力堪比大名——室町時代的佛教

室町時代因為幕府與守護的關係，成為一個眾人虔誠信仰佛教的時代，但不同宗派的盛衰卻有極大差別。

天台宗、真言宗等在平安時代興盛的宗派，隨著作為後盾的朝廷、公家沒落之後，加上莊園瓦解，勢力逐漸衰退。相反地，在鎌倉時代才有多人信仰，也就是所謂的「鎌倉佛教」（淨土宗、臨濟宗、淨土真宗、日蓮宗、曹洞宗、時宗）各宗派，則在室町時代持續拓展勢力。

鎌倉佛教普遍受到武士、農民、工商業者等社會各階層信仰，在日本全國各地也建設了許多佛寺，地方上的民眾都能接納。

其中室町幕府將軍與守護特別嚴密保護禪宗的「五山派」。由於幕府與守護都需要禪宗的祈禱，而禪宗需要幕府及守護來保障權益，兩者有一致的利害關係。然而，應仁・文明之亂以及明應政變後導致幕府權力下滑，五山派也受到了影響。失去了最大的靠山，五山派便隨之沒落。

不過，這並不代表禪宗整體都衰退了。一些並未選擇進入幕府的保護之下，而是往地方城市傳教的禪宗各派系，反倒配合地方上的發展，深受地方武士及庶民信仰。

相對於指稱五山派為「叢林」，其他分布在各地的禪宗派別就稱為「林下」。

林下具有代表性的僧侶，就是在京都臨濟宗寺院「大德寺」的一休宗純。以機智化解各種狀況的動畫人物「一休和尚」就是以宗純為藍本，他也因此而知名，但其實他的一生相當另類。

身為大德寺住持的一休，與幕府影響下的五山派保持距離，否定許多行事與戒律，活得自由自在。一休許多行為都被身

鎌倉佛教的宗派

宗派	開祖	中心寺院	開宗年
淨土宗	法然	知恩院（京都）	1175
臨濟宗	榮西	建仁寺（京都）	1191
淨土真宗（一向宗）	親鸞	本願寺（京都）	1224
曹洞宗	道元	永平寺（福井）	1227
日蓮宗（法華宗）	日蓮	久遠寺（山梨）	1253
時宗	一遍	清淨光寺（神奈川）	1274

邊的人認為是「奇行」，而他的號（除了本名之外的名號）為「狂雲子」，似乎是刻意有些與眾不同的行徑。一休的特立獨行對於世俗化的臨濟宗是強烈的諷刺。

此外，曹洞宗的開祖道元開設了越前永平寺（今福井縣永平寺町）與能登總持寺（今石川縣輪島市）、臨濟宗則有與大德寺競爭的京都妙心寺等，這些都為林下的普及有所貢獻。

鎌倉佛教之一的淨土宗分成好幾個門流，其中於九州創建的「鎮西派」，也在京都與東國廣泛從事傳教活動。而京都的知恩院於應仁・文明之亂以後，仍成為代代天皇的皈依對象，進入江戶時代依舊繁盛。

另一方面，日蓮宗、淨土真宗與相對穩定發展的臨濟宗、曹洞宗、淨土宗相較之下，則成為大規模的戰亂主角。

祖山在身延山（今山梨縣）的日蓮宗，自鎌倉時代末期到南北朝時代這段期間發展到京都。以日蓮徒孫日像的妙顯寺、日靜的本圀寺這兩個據點為主軸，推廣日蓮宗信仰。

日蓮宗的進一步發展是在日親那一代。日親將日蓮宗推廣到中國、九州地區，但由於他使出的策略是「澈底攻擊其他宗派讓大家改信日蓮宗」，包括幕府在內的各方勢力對此都強烈反彈。

日親遭幕府逮捕並科處重刑下仍繼續傳教。甚至有傳說日親「即使受到頭上罩著燒燙鍋子的重刑，仍然拚命傳教」，便有人給他取了「戴鍋日親」的別名。

因為日蓮宗這些背景，受到來自幕府與其他佛教勢力的強烈攻擊，信眾人數卻不斷增加。應仁．文明之亂後，負起重振京都重責大任的町眾工商業者，其中有很多都是日蓮宗信眾，成了一大特色。

町眾為了防止重振京都時頻頻發生的土一揆或淨土真宗的一向一揆等其他勢力滋擾京都，便以日蓮者信徒身分聯合起來自治，經營地方。一五三二年（天文元年），一群町眾放火攻擊淨土真宗根據地山科本願寺（今京都市），也與管領細川晴元結盟，組織起號稱兩萬人的大軍。信仰日蓮宗的町眾團體因為日蓮宗別名法華宗的關係，被稱為「法華一揆」。法華一揆之後自治京

此時此刻的世界大事？

1534年英國國教會成立

宗教改革的浪潮也傳到了英國。英國國王亨利八世頒布了「最高權威法令」，自此脫離羅馬天主教會，採取新教的中道。自此，英國獨立的教會成立。

都將近五年。

然而，日蓮宗信徒在辯論中擊敗天台宗比叡山延曆寺（現在的京都市、滋賀縣大津市）的僧侶，這起風波成了導火線，使得法華一揆也與延曆寺起衝突。延曆寺一方有戰國大名六角氏為靠山，燒毀了日蓮宗在京都的寺院。一揆群眾敗退後逃往了堺。這一連串動亂就稱為「天文法華之亂」（一五三六年〔天文五年〕）。

另一方面，與日蓮宗競爭激烈的淨土真宗，因為受到農民與移動各地的商人所信仰，而在社會上拓展。淨土真宗的開祖是親鸞，相當於他曾孫的僧侶覺如將親鸞在京都東山大谷（今東山區）的廟所寺院化，並稱為「本願寺」，自此開啟了淨土真宗的本願寺派。

一開始本願寺派並不興盛，相傳歷代宗主也都苦於貧困，但到了第八代宗主蓮如的時代風向出現了大轉變。

蓮如以近畿地區為主要傳教的區域來增加信徒，這卻招致在同一地區經營的延曆寺不悅，還放火燒了本願寺。蓮如離開原本的根據地，逃往越前的吉崎（今福井縣蘆原市），以北陸地區為主的信徒逐漸增加。之後，信奉淨土真宗的一向一揆群眾自治加賀國將近一百年。蓮如離開北陸，以京都的山科本願寺為據點傳教，於一四九九年（明應八年）八十五歲時過世。一五三二年（天文元年）山科本願寺遭到燒毀攻擊後，蓮如的曾孫証如將根據地移往大坂的「石山本願寺」。以石山本願寺為據點的本願寺勢力，最知名的就是讓織田信長吃足苦頭。本願寺勢力與當時逐漸要一統天下的信長持續戰了將近十年。最後，以宗主顯如為主的本願寺勢力在一五八〇年（天正八年）與信長講和，離開石山本願寺，當時石山本願寺遭到大火燒毀。

鐮倉時代出現的佛教在信徒增加後，累積經濟能力達到大幅成長，就是室町時代的一大特色。在連年饑荒與傳染病持續下，「地藏信仰」、「觀音信仰」等民間信

室町時代主要的一揆

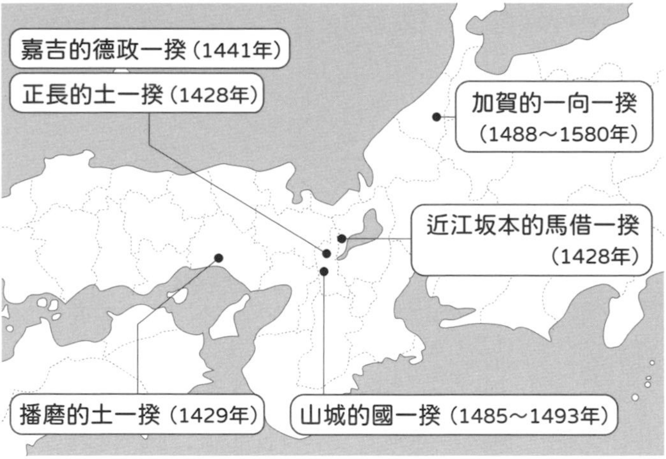

仰也隨之流行，與地藏相關的活動「地藏盆」，以及觀音靈場三十三處巡禮、伊勢詣與善光寺詣等寺社參拜也相當興盛。

改變時代的西洋人士到來——南蠻文化

戰國時代日本人稱呼「南蠻人」的，乃是葡萄牙人、西班牙人，與這些西方人的交流不僅有商品，對於日本的宗教、文化都帶來極大影響，尤其天主教傳入日本更是一大要事。

天主教傳入日本是在一五四九年（天文十八年）。當時以天主教修道會「耶穌會」成員進行天主教海外傳教的傳教士方濟．沙勿略，一五四七年（天文十六年）於麻六甲（今馬來西亞）認識了日本人彌次郎，因此促成他來到日本。沙勿略在鹿兒島登陸，一開始受到佛教勢力強烈的阻撓，仍獲得山口（今山口市）的大內義隆與府內的大友宗麟（義鎮）等戰國大名允許傳教。由於傳教與南蠻貿易是一體的，戰國大名要是准許傳教，就能同時獲得貿易帶來的利益。

然而，戰國大名似乎不僅為了貿易獲利的目的而允許傳教。例如，宗麟就對天主教的教義產生很深的共鳴，自己也成了天主教信徒。除了宗麟之外，豐臣秀吉的左右手黑田官兵衛（孝高）、在秀吉政權下擁有超過九十萬石領地的蒲生氏鄉等這些主要的戰國大名、武將之中，也不乏天主教的信徒。

當時日本稱呼天主教徒為「切支丹」，因此信奉天主教的戰國大名則以「切支丹大名」而聞名。

受到切支丹大名的保護，日本的天主教也迅速發展開來。

沙勿略歸國之後，葡萄牙傳教士維萊拉、佛洛伊斯仍以九州為中心，致力往近畿、中國地區傳教，在日本各地建設如南蠻寺（教堂）、colégio（傳教士養

主要的切支丹大名

切支丹大名	城下町	洗禮名
大村純忠	肥前大村	巴爾多祿茂（Bartolomeo）
高山右近	攝津高槻 ➡ 播磨明石	儒斯定（Justo）
大友宗麟（義鎮）	豐後府內 ➡ 臼杵丹生島	普蘭師斯怙（Francisco）
有馬晴信	肥前有馬	玻羅大削（Protásio）
五島純玄	五島福江	路易（Luis）
蒲生氏鄉	伊勢松坂 ➡ 會津若松	良（Leo）
池田教正	河內八尾 ➡ 若江	西默盎（Simeon）
內藤如安	丹波八木	若翰（João）
小西行長	讚岐小豆島 ➡ 肥後宇土	奧思定（Agostinho）
一條兼定	土佐幡多	保祿（Paulo）

成學校）、seminário（神學院）等天主教相關的設施。

切支丹的人數也迅速增加，一五八二年（天正十年）左右，在肥前、肥後、壹岐國（現在的佐賀、長崎、熊本縣）有大約十一萬五千人，豐後國（今大分縣）有約一萬人，畿內等地則據說達到兩萬五千人。

切支丹大名之中，尤其宗麟的勢力成長最顯著。宗麟坐擁豐後、豐前（今福岡縣東部與大分縣北部）、筑前（今福岡縣西北部）、筑後（今福岡縣南部）、肥前、肥後與九州共六個領國，統治了大部分的北九州。宗麟對天主教的保護也相當積極，甚至有一說他希望將九州建立成天主教國家。

傳教士在九州的傳教活動雖然順利，卻在京都陷入苦戰。沙勿略最初來到日本時認為「日本之王」就是天皇，因此希望向天皇取得在京都傳教的許可。但由於沙勿略並沒有準備貢品，覲見天皇遭拒，不但如此，當他親眼看到荒廢的京都之後，就放棄在此傳教。

京都的傳教活動要等到沙勿略過世後的一五五九年（永祿二年），傳教士維萊拉與日本人修道士洛倫索才再次展開。傳教士利用與宗麟的人脈關係，轉介了與宗麟親近的幕府政所執事伊勢貞孝，最後獲得第十三代將軍足利義輝對傳教的認可。然而，仍然受到民眾及其他宗教的種種妨礙，始終沒能有大規模傳教。加上後來義輝遭到暗殺，當時握有勢力的松永久秀破壞天主教教會，最後傳教士全數被驅出京都，貿易也不得不中斷。

天主教在京都的發展要等到織田信長的勢力崛起後才出現轉機。信長對佛教勢力毫不留情，相對地，他面對傳教士相當友善，而且在傳教上也給予支援，讓傳教士更容易活動。信長死後，有一段時間仍允許傳教士的各種活動，但之後秀吉在一五八七年（天正十五年）發布了「伴天連追放令」[9]，再

此時此刻的世界大事？

1558年伊莉莎白一世登基

坐上英國王座的伊莉莎白一世，透過確立英國國教會、與西班牙的戰爭，以及保護產業等，奠定大英帝國的基礎。伊莉莎白一世終生未婚，她曾說過「自己已嫁給英格蘭」。

次出現了天主教的傳教限制。進入江戶時代更出現禁教令，信徒要光明正大信仰天主教變得難上加難。

在這些背景之下，日本的天主教勢力衰退，但傳教士將許多歐洲文化帶進了日本，讓戰國時代掀起了一股「歐洲文化潮」，這個時代的文化稱為「南蠻文化」。沙勿略送給大內義隆機械時鐘、眼鏡、火繩槍、葡萄酒、音樂盒等物，信長也在根據地安土城（今滋賀縣近江八幡市）聆聽過風琴、中提琴的演奏，可知歐洲文化已經滲透到戰國大名之間。不僅如此，南蠻文化也普及到庶民階級，一般人也會穿著南蠻服飾。在歐洲已經很常見的「活版印刷術」也引進到日本，耶穌會並在日本出版天主教相關書籍、字典、教養書等多種書籍。耶穌會出版的書籍稱為「切支丹版」，特別是在天草出版的書籍也會稱為「天草版」。切支丹版的代表作品有闡述天主教會教義的《Doctrina Christiana》、古埃及故事集《伊索寓言》的譯本《天草版伊曾保物語》等。

南蠻文化之中像是菸草、鐵炮等，到了江戶時代仍深植社會，甚至有些像是長崎蛋糕「Castella」或是金平糖的名稱，是從葡萄牙語轉化為日語的，還流傳到現代。

話説回來，也有像是活版印刷術到了江戶時代就被木板印刷術取代，更多的南蠻文化並沒有在日本成功紮根。

9　「伴天連」是葡萄牙語傳教士「Padre」的音譯漢字，「追放」則是放逐之意。

切支丹版的代表作

《Doctrina Christiana》	天主教會教義。有日文文字、羅馬文字兩種版本。
《天草版平家物語》	為學習日文與日本歷史所編纂的《平家物語》。羅馬文字版本。
《天草版伊曾保物語》	教養書。《伊索寓言》。羅馬文字日文版本。
《日葡辭典》	切支丹傳教士用來修習日語的辭典。附加葡萄牙語解說。
《日本大文典》	日本語學書。以文法為主，並論述音韻、文字、拼字、語彙、文體、方言。
《こんてむつすむん地》	《師主篇》(De Imitatione Christi)的譯本。羅馬文字版本、夾雜漢字的平假名版本。
《サントスの御作業》(聖徒的作為)	聖徒、殉教者傳記的譯本。羅馬字版本，文言文譯本。

column 6

鐵炮傳入與「螺絲」

隨著鐵炮傳入的「螺絲」在江戶時代不見蹤影

鐵炮最初傳進日本的過程，記載在據說首次取得鐵炮的種子島家流傳的史料《鐵炮記》之中。

種子島時堯當初親眼見證，漂流到種子島（今鹿兒島縣）上南蠻商人攜帶的鐵炮威力。時堯有意學習鐵炮，於是向南蠻人購買兩挺鐵炮，並讓家臣學習火藥的調製方法。

這時，距離種子島相當遙遠的紀伊國根來寺（今和歌山縣）僧侶聽到傳聞後，也想來購買鐵炮。時堯深深體會到鐵炮的需求，下令要八板金兵衛打造國產鐵炮。

然而，就算打造出神似的外形，據說還是不知道該怎麼塞住鐵炮底部空出來的「小孔」。最後，金兵衛是向再次來訪的南蠻商人學習填塞「小孔」的方法。讓金兵衛傷透腦筋的「孔」，其實就是現代所說的「螺絲孔」，可見當時的鐵炮已使用螺絲為零件。鐵炮在戰國

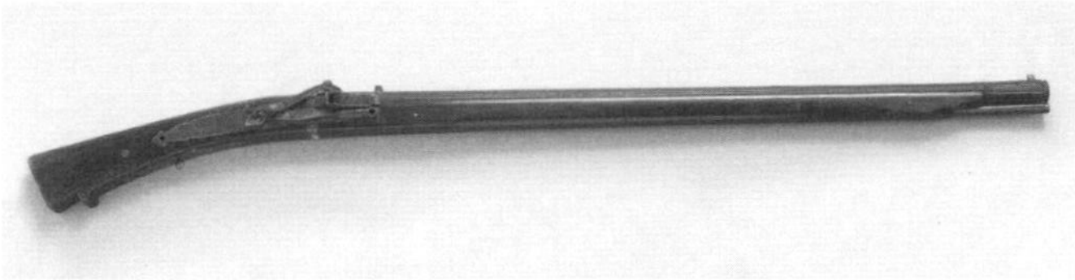
據說是八板金兵衛清定打造的國產第一號火繩槍（種子島時邦收藏）。

江戶後期的火繩槍螺絲與螺絲孔（照片提供：廣島縣立歷史博物館）。

時代成了主要的武器，普及到全日本，因此，鐵炮內的螺絲技術也很常見。由此可知，一般認為螺絲傳入日本的時間就跟引進鐵炮的時期一致。

但是鐵炮經過江戶時代成了眾所周知的武器（或是驅散野獸的農具），螺絲的技術卻沒有運用到鐵炮之外，反而遭到遺忘。

在現代社會不可或缺的螺絲技術，或許對當時的日本人而言並不太需要吧！

帶領沙勿略來到日本的人

彌次郎

Anjiro

生歿年不詳

「殺人犯」改變日本的歷史

出生於鹿兒島的彌次郎，因為某個原因殺了人，逃到鹿兒島的教會。彌次郎在教會裡結識了葡萄牙人，後來跟著傳教士離開日本。彌次郎在海上航行中受到天主教教義的感召，為了學習教義而走訪麻六甲（現在的馬來西亞）。

彌次郎在當地認識了沙勿略，他的求知慾以及葡萄牙語的對話能力都讓沙勿略非常驚喜。沙勿略在與彌次郎的交流中表現出對日本的興趣，最後決定在彌次郎的陪同下前往日本。

彌次郎在回到日本後，仍在翻譯、口譯以及與日本人溝通等各方面協助沙勿略，成了沙勿略的左右手。沙勿略離開日本之後，彌次郎失去棲身之所，傳說他最後是在中國遭到殺害，但他的確因為引導沙勿略來到日本，成了大大改變日本歷史的人物。

第五章

室町幕府的滅亡

分裂的將軍家與細川家——室町幕府的內鬥

促使明應政變（一四九三年〔明應二年〕）成功，進而主導政權的細川政元，卻沒能建立起安定的政權，而政元同樣出現接班人問題。

政元喜好男色，加上沉迷於深居山林中嚴酷修行的修驗道，本身並無子嗣，只有幾名養子，像是公家九條政基的養子細川澄之，以及分家阿波細川家出身的細川澄元等人。

但是澄之與澄元之間爆發接班人之爭，細川家的家臣也分成澄之派與澄元派。聽聞正式繼任者是澄元之後，一群想要挽回劣勢的澄之派家臣在一五〇七年（永正四年）先是殺害政元，然後攻擊澄元並將他逐出京都。

情勢遭到逆轉之後，澄元當然不可能對於澄之派的橫行坐視不理。澄元與家宰（也就是現代的執事）三好之長等人逃到近江國（今滋賀縣），重整旗鼓準備反擊。澄元與之長在一五〇七年（永正四年）集結了近江、畿內的兵力再次上洛，一掃澄之派的家臣，並逼迫澄之切腹。這麼一來，細川京兆家（細川宗家）的家督就成了澄元。

另一方面，因為細川氏一門內鬥而受到重傷的，就是第十一代將軍足利義澄。義澄因為有政元作為後盾而當上了將軍，政元一死讓他失去庇護，勢力頓時衰弱。

當初因為政元而失去將軍寶座的前將軍足利義稙，見到有機可乘，遂倚靠有力大名大內義興的軍事實力嘗試上洛。

然而義稙動員大名的行動卻失敗了。至於被義稙當作救生索的細川家，則因為澄元善待自己出身的阿波細川家出身的家臣，導致畿內的家臣反彈。獲得這些人支持的政元養子細川高國後來背叛了澄元。因為細川家分裂為澄元派與高國派，使得義澄的立場一蹶不振，一五〇八年（永正五年），義澄不戰之下就離開了京都。義稙成為了在鎌倉、室町、江戶幕府歷任將軍中唯一「重任將軍」之人。

一五一一年（永正八年），義稙在與意圖東山再起的

此時此刻的世界大事？

1510年葡萄牙占領果阿

葡萄牙看上了經過印度洋的香料貿易利潤，試圖排除伊斯蘭商人的影響力而獨占香料貿易。葡萄牙人制服了印度西岸的港灣都市果阿，打造稱為「黃金果阿」的大都市。

義澄大軍的「船岡山之戰」（今京都市北區）中獲勝，加上同年義澄沒機會重任將軍就因病身亡，義稙遂與高國、義興結盟，掌握政權。

然而，即使是義稙政權，在高國與大內義興等有力大名之間，也因為政權運作而出現摩擦。一五一八年（永正十五年），義興以在京費用的負擔與尼子氏入侵領國的理由，返回領國後，澄元與之長再次進攻畿內。不過這次澄元與之長落敗，之長在一五二〇年（長祿二年）遭處刑身亡。澄元也逃到阿波，但最後沒能重振旗鼓，與之長在同一年死亡。

乍看之下已擊退政敵的義稙，其實也和自己的後盾高國形成對立，轉向與澄元一方合謀。反倒是澄元的敗北讓義稙陷入窘境。一五二一年（大永元年），義稙離開京都逃往阿波，兩年後身亡。

於是，高國讓義澄之子足利義晴登上第十二代將軍的寶座，由高國自己主導政權。

但是，落敗的義稙、澄元、之長等人的仇恨卻趁高國不備時展開攻擊。高國政權出現了家臣內鬥，有力家臣香西元盛遭到暗殺。元盛的兄長對高國的作為感到憤怒，遂於阿波趁機與澄元之子細川晴元合作。晴元與三好元長（之長的孫子）等人發起軍事行動，最後將高國與義晴放逐至近江國。

晴元與元長擁立足利義維（義植養子），並以堺為根據地而非高國等人影響力強大的京都。義晴在逃亡途中仍舊保持將軍身分，使得義維雖沒有正式成為將軍，卻在實質上以將軍發號施令，一般稱義維為「堺公方」（公方為將軍之意）。此時，出現了形式上的將軍義晴，與實質上的將軍義維，也就是兩名公方（將軍）並存的狀態。

足利氏譜系略圖（義教之後）

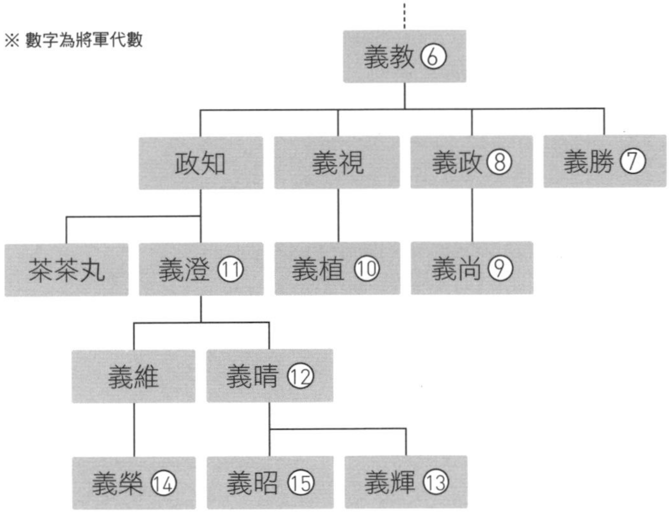

「最初的天下人」登場——三好長慶的崛起

以堺為大本營的義維政權，實質上也統治了京都。一五三一年（享祿四年），在三好元長的軍事力相助下，消滅了細川高國，與義晴陣營之爭又占上風。不過，因為已消滅了強敵高國，元長的軍事力對晴元而言不再必要，這時，元長與細川家家臣的對立遂浮上檯面。元長雖然強勢支持義維，但其他的細川家家臣則積極與義晴和談。元長陷入孤立，加上晴元也不看好元長，轉向與本願寺一向一揆群眾合作，最後逼得元長自殺。這使得原先倚靠元長軍事力的義維形勢惡化，不得不逃亡到阿波。另一方面，晴元則與將軍義晴和睦，試圖平息風波。

一五三四年（天文三年），義晴終於回到京都。到了這時，義晴將政事交給了由親信組成的「內談眾」，並在先前逃亡近江時給予援助的六角定賴與晴元的協助下，建立起政治體制。

義晴在兒子足利義輝出生不久，便早早表明要讓位將軍一職，但實際上仍依循讓位的先例，等到義輝年滿十一歲。只不過，將軍的交接進行得並不順利。一五四三年（天文十二年），細川一門的武將細川氏綱，對義輝政權後盾的晴元發動叛亂。

這場叛亂在元長之子，也就是晴元家臣三好長慶等人的奮戰下平定，晴元一方獲勝。但兩年後氏綱等人再次出兵，這次晴元落敗並逃到丹波國（今京都府中部、兵庫縣東部）。義晴判斷晴元已不可靠，於是嘗試與氏綱拉近距離。

一五四六年（天文十五年），義輝就任第十三代將軍。但長慶強大的軍力擊敗了氏綱一方的畠山政國、佐遊長教等人，讓之前打算捨棄晴元的義晴與義輝父子立場變得尷尬。義晴與義輝無奈之下與晴元議和。在這段期間，義晴與義輝就往來於近江與

此時此刻的世界大事？

1545年特倫多大公會議召開

受到宗教改革浪潮推動的天主教教會，為了重振教會而在特倫多（今義大利北部）舉辦宗教會議。在這場為期十八年、斷斷續續召開的會議中，持續進行為對抗新教的教會改革。

京都，生活過得很不安穩。

累積了多數戰功的長慶，在細川家內的名聲也逐漸提高。但或許晴元對於家臣中只有長慶具有發言力的狀況保持戒心，因此也同時重用了與長慶同為三好一族的三好政長。政長據說就是慫恿主君晴元討伐長慶之父元長的人物。換句話說，對長慶來說，政長等於是殺父仇人。於是，長慶背叛政長，起兵對抗。

長慶攻打政長，形勢變差的晴元、義晴、義輝等人逃亡到了近江國。長慶在形式上尊氏綱為主君，實質上卻誕生了稱為「三好長慶政權」的新政權。

另一方面，義晴自一五四九年（天文十八年）就在避難的近江國坂本（今滋賀縣大津市）飽受病痛之苦，因此討伐長慶與重振將軍家的任務，全都託付給了年幼的義輝。

以重振幕府為目標……——足利義輝的政治

面對長慶強大的軍力，義輝與晴元只能陷入苦戰。據說義輝之父義晴為了重返京都的宏願，甚至還打算抱病上戰場。然而，縱使義晴過世之後，義輝仍沒能返京，在一五五〇年（天文十九年）年底，他一度放棄回到京都的念頭。沒想到兩年之後，義輝與長慶言歸於好，完成了返回京都的目標。其實長慶鎖定的敵人並非義輝，而是晴元，一旦義輝與晴元斷絕關係，就能與長慶達成和解。

然而，義輝的家臣團之中分裂為二，一派希望與長慶合作，另一派則希望和逐漸重振勢力的晴元修復關係。義輝在一五五三年（天文二十二年）與晴元合作，表明與長慶分道揚鑣。

義輝的行動激怒了長慶，長慶立刻率領號稱兩萬五千大軍進攻義輝等人堅守的靈山城（今京都府京都市東山區），大勝義輝軍。義輝再次被迫逃亡至近江國。

這時，長慶已沒有對手，他的政權穩如磐石。但長慶卻不像過去的細川政元另立新將軍取代義輝，自己也沒有成為管領。即使如此，長慶仍在實質上主導政局，近年來也有人給予長慶極高評價，認為他是「最初的天下人」[1]。

長慶若想採取「不倚靠將軍的政治」路線，面對一而再、再而三反抗的義輝，大可選擇趕盡殺絕的作法。尤其長慶的軍力強勢，也能在戰場上殺掉義輝。然而，長慶沒有這麼做，甚至並未將義輝拉下將軍寶座。背後的原因可能是對方身為「將軍」造成的影響。

的確，室町幕府勢力衰退，而且失去了實質上的軍事力與經濟力，但此時支持將軍的勢力還很多。在義晴、義輝多次敗北之時皆協助藏匿他們的近江六角氏，便是箇中代表。若要加害義輝，必須做好心理準備得與將軍派勢力展

此時此刻的世界大事？

1556年中國發生華縣大地震

1月23日早晨，中國北部陝西發生推測地震強度8的大地震。據估死亡人數約83萬，與陝西鄰近的山西人口減少了六成。是目前歷史紀錄中死傷者最多的一場地震。

開大規模的戰鬥。

另外，也可能是長慶家格較低的關係。長慶的三好家，算起來是管領細川家分家阿波細川家的家臣。因此，長慶也是義輝的家臣，本來就是站在支持義輝的地位，要是太明顯與義輝敵對，就會面臨被指責是「逆臣」的風險。

於是，長慶遂將義輝放在一旁，「眼不見為淨」。另一方面，以復權為目標的義輝，積極展開外交試圖扭轉局勢。由於義輝具有「將軍」的威嚴，成功調停了加賀國本願寺與朝倉氏的紛爭。義輝有了本願寺的支持，加上一直以來的盟友晴元、六角義賢的助力，準備好反擊長慶的態勢。

一五五八年（永祿元年），義輝率領晴元等人的大軍，再次上洛試圖重返京都。長慶一方派出松永久秀等人應戰，一番激戰後雙方談和。

義輝完成返回京都的心願後，授與長慶「御相伴眾」這個層級僅次於管領的稱號，並厚待先前敵對的三好家。背後的原因除了讓家格較低的三好家能夠滿意之外，同時也對其他人宣示三好家終究是將軍的家臣。

義輝獲得了三好家的軍事力，加上多次向義輝造反的政所頭人伊勢貞孝，在與三好家對立之下遭到滅亡，義輝終究奪回了權威。

第十三代將軍義輝的政治特色就是積極與各地大名合作。義輝命令起紛爭的大名必須和解，需要的話甚至會派遣使節，或是開出和解的條件。

例如，一五五七年（弘治三年）武田信玄與上杉謙信爆發的「第三次川中島之戰」，雙方就在義輝的調停下和解。謙信對義輝表現出合作的態度，在戰亂之中仍二度上洛，晉見義輝並獲得厚待。

義輝藉由與諸位大名合作來提高將軍的威望。雖然在義輝的調停後實際上並未真正達成和睦的例子也不

此時此刻的世界大事？

1556年蒙兀兒帝國阿克巴大帝登基為王

1526年誕生的印度蒙兀兒帝國，第三任皇帝阿克巴大帝登基。阿克巴打造都城、進行政治改革，並推動與印度教教徒的融合政策，促進蒙兀兒帝國成長為中央集權的強國。

少，但除了大名關乎各自的存亡之外，也接納了義輝的想法，似乎義輝的意見也有一定的影響。

三好家對義輝這樣的政治手段感受到了危機，一旦出現像謙信這種崇拜將軍的強大勢力，對三好家而言就是致命傷。此外，十河一存（長慶之弟）、三好實休（義賢。長慶之弟）、三好義興（長慶之子）等三好一門的重要人物相繼身亡，加上一五六四年（永祿七年）長慶也過世後，三好家陷入了絕境。

一五六五年（永祿八年）的五月十九日，三好義繼（長慶之侄）等人率領一萬大軍攻擊將軍御所。義輝倚仗劍術奮戰一番，最後仍在亂中遭到殺害，這就是史稱的「永祿政變」。義繼殺害義輝的動機，推測應為戒心。

然而，三好家謀殺將軍一事也引起多位大名的強力反彈。三好家能預測到諸位大名的撻伐，於是有此一說，將義輝之死解釋為「原本要以武力脅迫義輝，卻失手將他殺害」，也就是純屬巧合的不幸。

總之，義輝嚮往的重拾將軍權威，尚未完成就遭到挫折。但義輝心目中想達到的政治藍圖大多獲得極高評價，遂也有不少人覺得「如果義輝在世……」，對他的死去感到惋惜。

1 「天下人」即為掌控天下之人。

盛者必衰之理——衰退的守護大名

歷經應仁．文明之亂以及明應政變，日本進入了戰國時代。戰國時代以「下剋上」聞名，前面看到的這些守護大名，也就是「遭到下剋上的人物」，是如何在戰國時代生存的呢？這一節除了已介紹過的細川氏，再來回顧其他有力守護大名的歷程。

雖然身為管領具有一定實力，但家督爭奪戰而成為應仁．文明之亂主因的畠山氏，在應仁．文明之亂結束後，義就（畠山持國之子）與政長（持富〔持國之弟〕之子）之間，以及兩人死後各自的子孫仍持續爭奪家督之位。一五三二年（天文元年），義就的曾孫畠山義堯消滅了政長之孫畠山政國的家臣木澤長政，雖然終結了畠山家的家督之爭，但反倒是長政與遊佐長教等家臣的實力較強，畠山家本身的勢力變弱。政國之子畠山高政與織田信長合作，企圖重振，卻遭到長教的兒子遊佐信教奪取實權而沒落。高政在各國流浪，最後身亡，作為守護大名的畠山宗家就此滅亡。

與畠山氏一樣，也是因為家督之爭造成應仁．文明之亂的斯波氏同樣陷入苦境。應仁．文明之亂如火如荼之際，背叛東軍的斯波氏重臣朝倉孝景，對於西軍的斯波義廉，甚至本來同一陣線的東軍斯波義敏都不服從，擅自制服了越前國（今福井縣）。

義敏遭放逐到尾張國（今愛知縣西部），之後由孝景將他送回京都。斯波家的家督從義敏之子義寬，交由義寬之子義達繼承，成了遠江國（今靜岡縣西部）與尾張國的守護。

但是，斯波氏與同為守護而且成長為戰國大名的今川氏親，卻為了統治遠江國而產生對立。義達最後敗給氏親而成了俘虜，遠江一地也被奪走，斯波氏的領國只剩下尾張。

至於在尾張，雖然有義達之子斯波義統為守護，但其實領國內的實權都掌握在守護代織田家的手裡。義統雖然為守護代織田信友（彥五郎）所擁

此時此刻的世界大事？

1533年皮薩羅消滅印加帝國

曾試圖進攻美洲大陸的西班牙，派遣軍人皮薩羅（Francisco Pizarro）以「征服者」之姿前往印加帝國。皮薩羅以僅僅兩百人左右的兵力進攻印加帝國，最後處決了國王阿塔瓦爾帕（Atawallpa），消滅印加帝國。

立，但其實對信友的專制感到不滿。一五五四年（天文二十三年），義統與算是信友家臣卻同時也是政敵的織田信長聯手。這下子招致信友震怒，義統遭受攻擊，最後被迫自殺。義統之子義銀受到信長保護，但之後義銀與信長對立，最後遭到信長放逐，守護大名斯波氏就此滅亡。

另一方面，在西國勢力增長，於應仁・文明之亂擔任西軍總指揮官的山名氏，在那之後同樣也迅速衰退。繼承山名宗全的山名政豐，在與守護赤松氏的對抗中吃足苦頭。

政豐遭到赤松氏重臣，也是守護代的浦上氏攻擊，陸續丟失備前國、美作國、播磨國（今岡山縣東南部、岡山縣東北部、兵庫縣西南部）等領國，最後只剩下但馬國（今兵庫縣北部）一處領國。山名氏在山名祐豐（政豐之孫）一代曾一度重振勢力，並企圖利用毛利氏與織田氏的對抗存活下來，但向毛利氏靠攏的祐豐遭到秀吉之弟豐臣秀長攻擊，在一五八〇年（天正八年）滅亡。

畠山氏、斯波氏、山名氏，這些在室町時代握有實力的勢力，到了戰國時代都大幅衰退，或就此滅亡。其他像是赤松氏，在守護代浦上氏崛起之後就喪失了實權，一色氏則被振興管領細川家分家的細川藤孝所滅等，由此可知，擔任室町幕府「三管領四職」的幾個家族，在江戶時代仍維持大名的只有京極一家。

另一方面，雖說這是個下剋上的時代，但守護大名之中還是有人能夠適應戰國時代。

室町時代初期便稱霸西國的大內氏，在戰國時代迎來全盛時期。大內氏獨占日明貿易，大內氏的城下町山口繁華似錦，有「小京都」之稱。在大內義隆這一代，成為周防、長門、安藝、備後、石見、豐前、筑前（現在的山口縣、廣島縣、島根縣西部、福岡縣大部分、大分縣北部）七國守護。

然而，一五四三年（天文十二年）義隆在原

三管領四職

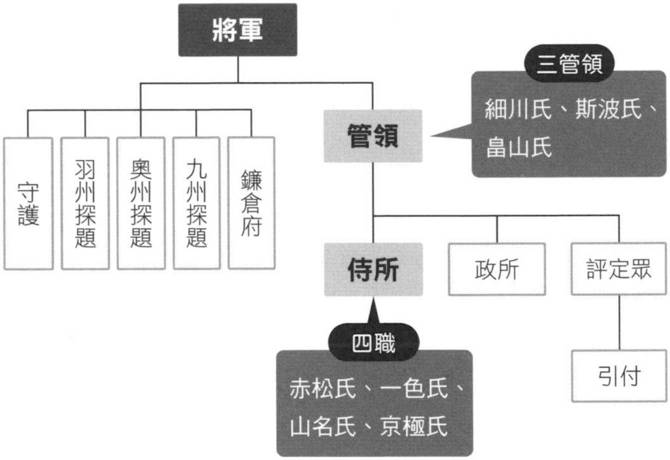

為消滅京極氏守護代尼子氏而引發的「月山富田城之戰」（今島根縣安來市）中大敗。義隆失去了養子同時也是接班人的大內晴持（義房），大受打擊，大內家也陷入混亂。一五五一年（天文二十年），義隆的家臣陶晴賢發動政變，逼得義隆最後逃到大寧寺（山口縣長門市）自殺身亡。後來大內氏雖然曾短暫重振，仍在一五五七年（弘治三年）敗給毛利氏而滅亡。

與大內氏一樣，駿河國（今靜岡縣中部）的今川氏也是在戰國時代勢力拓展迅速的守護大名。今川家在今川氏親這一代建立起戰國大名的基礎，到了氏親之子今川義元時，以駿河國為據點，將勢力拓展到了東海地區，義元甚至有「海道（東海道）一弓取」的稱號。「弓取」代表傑出的武士，意指他為東海道第一武士。

義元與甲斐的武田氏、相模的北條氏在勢均力敵之下，成為強大的戰國大名，卻在一五六〇年（永祿三年），與當時在尾張國逐漸嶄露頭角的信長，於「桶狹間之戰」意外敗北陣亡。

今川氏在義元之子今川氏真一代以大名之姿滅亡，而今川領地多半納入德川氏之下。

像大內氏、今川氏這種在戰國時代拓展勢力的守護大名，都無法維持大名身分直到江戶時代。守護大名之中，勢力能持續擴大到迎接江戶時代的，僅有奧州的伊達氏、薩摩的島津氏等少數守護大名。

為什麼當初強勢到能掀起應仁・文明之亂的守護大名，後來幾乎都滅亡了呢？

一直以來，無論是不是在戰國時代，很多人認為一族之所以滅亡，多半要歸咎當主的無能，成天沉迷和歌、蹴鞠等「貴族休閒」，過著不食人間煙火的生活。但貴族休閒是與京都建立關係的重要因素，在這個重點受到關注後，就愈來愈少人認為這是招致滅亡的主因了。近年來，出現了另一種見解，認為「守護在京制」才是有力守護的滅亡關鍵原因。有力守護將領國統治交給守護代，自己則常駐京都執行政務，結果造成實際統治領國

此時此刻的世界大事？

1562年法國宗教戰爭爆發

隨著宗教改革家喀爾文的理念在法國普及，「喀爾文教派」增加，天主教對喀爾文教派反彈下，導致雙方對立。宗教對立加上皇室權力鬥爭，為持續超過三十年的法國宗教戰爭拉開序幕。

的守護代勢力迅速成長，愈來愈多名義上為統治者的守護大名遭到守護代取而代之。

此外，守護之中也有在地理上免除在京者，有人指出，像是大內氏、島津氏、今川氏這些在戰國時代發展的守護大名，幾乎都集中於在京免除地區。若依照這個說法，愈是有力的守護大名會衰退似是必然的結果。

雖然最後大內氏、今川氏都滅亡，但他們也曾是戰國大名化成功的家族，與之後的天下人織田信長、豐臣秀吉等，在掌管領國上採取了差異很大的統治體系。然而，以最終仍遭到消滅的背景來看，除了領國所在的地理條件、經濟能力的差距外，或許有時候「時運」也帶來很大影響。

column 7

戰國時代的「白銀潮」

礦山開發使得產量遽增 撐起戰國時代貿易的銀

戰國時代的日本，銀的產量急速增加。原因是礦山的開發、銀礦開採及精鍊法出現了變化。

石見國（今島根縣西部）的石見銀山，就是進入戰國時代後大力開發的礦山之一。石見銀山引進了來自朝鮮的「灰吹法」，也就是將礦石中萃取出的部分金銀與鉛的合金，再萃取出金銀的技術。利用這項技術能夠大量生產品質優良的金銀。

因為石見銀山的成功，接著但馬國（今兵庫縣北部）的生野銀山、佐渡國（今新潟縣佐渡島）的佐渡金山等，也陸續跟進開發，整個日本生產大量的金銀。

白銀的產量增加，對於與明國及歐洲的貿易有重大的影響。對於明國及歐洲的商人來說，在國際上具有高價值的日本白銀是很有利潤的商品。

江戶時代中葉開發的石見銀山龍源寺間步坑道內部。從開採到精鍊，全程採取手工作業（照片提供：島根縣大田市觀光振興課）。

因此，他們很積極地與日本進行貿易，為了金銀來到日本，連帶促成鐵炮與天主教傳入日本。

至於日本國內，也因為金銀的產量增加，造成金銀的流通急遽活絡。商業活動加速下，戰國大名為了保障金銀而展開積極行動。織田信長對於金銀就展現了強烈關注，不但掌握了生野銀山確保白銀存量，也嘗試刺激使用貨幣的交易。

過去為各個大名管理的全國主要礦山，之後到了秀吉政權、江戶幕府時代，也成了統治天下者（天下人）的直轄地區。

「天下布武」的時代——織田信長的崛起

因為第十三代將軍義輝之死而處於不利的，就是義輝之弟足利義昭（覺慶）。義昭遵循足利將軍家「沒當上將軍的接班人就要出家為僧」的慣例，原本在奈良興福寺過著僧侶的生活。然而，當出現擁護義輝之弟的勢力出現後，產生戒心的三好家在暗殺義輝後，即將義昭軟禁於興福寺內，所幸成功逃脫。之後，義昭遂與近江國有力人士和田惟政等人，一同對抗三好家。

另一方面，毅然決然殺害將軍的三好家，支持家長義繼的三好三人眾（三好常逸、三好政康、岩成友通）與松永久秀・久通父子之間，也因為爭奪一家的主導權而爆發內鬥。

義昭利用這個局勢，送交書狀給各地大名，要大家一同討伐三好、松永。實際上因應義昭要求的大名並不多，但這時有意支援義昭的就是織田信長。信長在成功統一尾張後，又於桶狹間之戰擊敗今川義元，拓展勢力。這個時候，信長正與美濃國（今岐阜縣）的齋藤氏互較高下。

義昭相當期待信長的協助，但信長此時忙於與齋藤氏對戰，無法離開領國，遲遲沒有出兵。加上三好三人眾壓倒性勝過久秀，三好家在內鬥平息的同時勢力也逐漸成長。義昭察覺到局勢對自己不利後，無奈只能逃到北陸。一五六六年（永祿九年），義昭靠著越前國（今福井縣）的戰國大名朝倉義景到了敦賀。

眼見義昭的不利態勢與畿內混亂逐漸平息而有所行動的，是逃往阿波的足利義榮（足利義維之子）。一五六八年（永祿十一年），義榮成為第十四代將軍，完成了父親的遺願。

然而，畿內局勢卻再次因為三好家的內鬥而混亂。原先屬於合作關係的義繼與三好三人眾，因為義繼對掌握實權的三好三人眾反彈，改與久秀聯手。

另一方面，面對知悉義榮就任將軍而感到焦急的義昭，信長再次提出合作的建議，這時信長已消滅齋藤氏，除去上洛的障礙。義昭立刻前往信長的根據地，也

此時此刻的世界大事？

1571年爆發勒班陀戰役

為了對抗在地中海握有控制權的鄂圖曼帝國海軍，西班牙、威尼斯及羅馬教宗等國組成神聖同盟艦隊。海戰於希臘西岸的勒班陀（Lepanto）爆發，最後由神聖同盟艦隊大獲全勝。從這個時期變得強大的西班牙艦隊便以「無敵艦隊」而聞名。

就是美濃國的岐阜，與信長合作，以上洛為目標。

一五六八年（永祿十一年），信長進攻義昭上洛時拒絕合作的六角氏。信長利用開戰前就發生的六角氏主君與家臣間的內鬥（觀音寺騷動），前後不到十天就取得勝利。

擁立義昭的信長軍氣勢如虹，攻其不備讓三好三人眾陷入混亂。信長很快地往京都挺進，擊敗堅守於京都郊外要塞勝龍寺城（今京都府長岡京市）的三好三人眾。

面對信長的兵力與義昭的權威，久秀與義繼都拜倒在信長之下。義昭與信長在該年十月實現上洛的目標。加上在信長進攻之前，義榮已失去蹤影（據說沒多久之後就病死），義昭遂繼任室町幕府第十五代將軍。

然而，就在信長一度自京都返回岐阜的領地時，三好三人眾便趁隙突襲京都。義昭與近臣努力防禦，同時借助與三人眾對立的三好義繼等人在畿內的兵力，在沒有信長的狀況下，仍抵擋住三好三人眾的攻擊。三好三人眾敗給義昭等人之後，逃亡到四國。

一得知義昭遭受襲擊，信長率領僅僅十人左右可立即調度的兵力迅速前往京都。雖然就戰力上來說完全不夠，信長卻不忘藉此對義昭展現自己的「忠節」。

義昭脫離危機之後，與信長聯手展開政事運作。義昭與信長制訂了「殿中掟」，是義昭

的近臣在將軍御所中必須遵守的規定，這套規則也傳達給各大名及有力寺社。義昭與信長藉由發布殿中掟，向內外展現新政權的方針。

一直以來很多人認為義昭只不過是對信長言聽計從的傀儡將軍，但近年比較可信的說法是，義昭與信長其實是互補弱點的關係。義昭利用信長擁有的「軍事力」，信長則利用義昭身為將軍具備的「權威」及「人脈」。

話說回來，雙方的關係沒多久就出現了裂痕，義昭身為最後的將軍，室町幕府也走向滅亡。

破綻百出的「信長包圍網」——室町幕府的滅亡

義昭與信長之間在上洛的隔一年，也就是一五六九年（永祿十二年）十月左右，透露出緊張氣氛。上洛中的信長突然返回岐阜，立刻傳出雙方不睦的耳語。

一五七〇年（永祿十三年），信長對義昭提出「五條規約」，主旨是「要求義昭聽取信長的意見，卻不得過於干涉信長的決定」，藉此清楚表達對義昭的不滿。

信長之所以對義昭不滿，有人指出了多項因素，像是義昭試圖與信長之外的大名打好關係、擅自進行審判，以及對於信長的施政過度干涉，總之多半是獨斷橫行以及過度干預。

義昭對於五條規約幾乎不放在眼裡，但由於對信長而言，義昭的權威與人脈仍有利用價值，信長還是耐著性子服從義昭。

不僅如此，信長還得面對更迫切的危機。該年率領大軍準備攻打朝倉氏的信長，遭到盟友戰國大名淺井長政倒戈背叛而遇到夾擊，這就是史上著名的「金崎之戰」。

信長拚了命逃離戰場保住一命，但過去信長的手下敗將六角氏也乘機起兵，信長的危機尚未解除。此時義昭與信長的關係雖然緊張，但義昭仍認為該救援陷入苦戰的信長，準備出兵。

然而，信長戰敗的消息讓原本已準備好的三好三人眾率領的反信長勢力一舉合作，突襲義昭。這下子連自己的處境都變得危險的義昭，當然無暇顧及信長，救援行動也告吹。

即使如此，信長與淺井、朝倉氏在「姉川之戰」（今滋賀縣長濱市）中，雖有大量犧牲，還是勉強獲勝，反而還能對義昭伸出援手。不過，淺井・朝倉一方也加入了本願寺及延曆寺等寺社勢力，就此逐漸形成所謂的「信長包圍網」。

此外，遠在甲斐（今山梨縣）的戰國大名武田信玄，向信長的盟友德川家康進攻。一五七二年（元龜三年），信玄決定執行「西上作戰」。信長為了支援家康，與信玄一戰。信玄與信長・家康對立，站在與信長敵對的一面，逐漸成為「信長包圍網」的主要人物。

此時此刻的世界大事？

1571年西班牙設立馬尼拉城

西班牙在菲律賓設置城市馬尼拉，作為統治的據點。西班牙在馬尼拉與墨西哥港都城市阿卡普爾科（Acapulco）之間開設定期航班，進行繁盛的「大帆船貿易」。貿易名稱來自進行貿易所使用的「大帆船」。

同年，信玄在家康領地遠江國的「三方原之戰」（今靜岡縣濱松市）大勝家康，震撼了包括信長在內的近畿勢力。

信玄的迅速進擊似乎對義昭心裡也造成了很大的影響。一直以來，義昭被視為是讓信玄等反信長勢力集結的「信長包圍網主導」，不過實際上在信玄出兵之前，義昭與信長雖有衝突，但仍然保持協調關係。只是之後義昭將信長與包括信玄在內的反信長勢力，兩者的軍事力放在天平上衡量之後，終究決定背叛信長。

一五七三年（元龜四年），義昭對信長出兵。反信長勢力增長的同時，在另一方面缺乏統整性的問題也浮現檯面。一五七二年（元龜三年），信玄原本計劃要從東西兩側包夾信長，朝倉義景卻不顧信玄的提議，擅自回到領國。義昭出兵後，原本應為主要戰力的朝倉氏並未上洛，對此信玄與本願寺都表達了不滿，內部矛盾持續發酵。

混亂之中，信玄於西進途中猝死。趁著信玄之死的好機會，信長迅速挺進京都，以強大軍事力迫使義昭降伏。義昭寄望的義景並未上洛，進退無路的義昭只能向信長投降。但義昭仍對信長提出幾個條件，據說信長也接受了。

然而，義昭在一五七三年年中再次舉兵，原因是感受到「可能會遭信長殺害」的危機。

信長包圍網

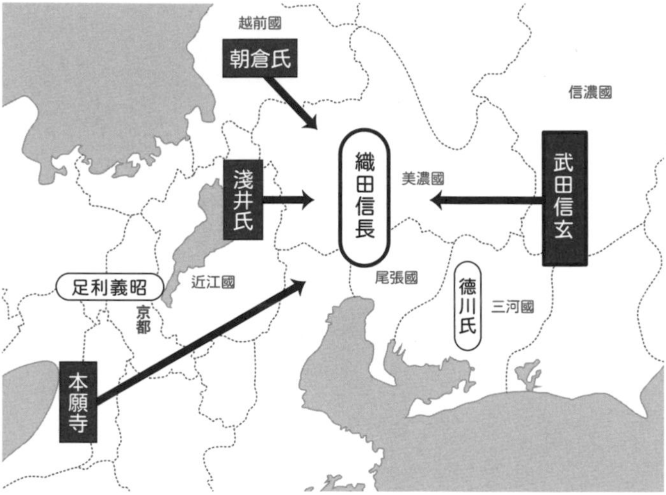

話說回來，義昭其實不具發兵的實力，立刻就遭到信長的攻擊。義昭投降後，這次終於被逐出京都。

由於後來沒有再出現新的將軍，一般多認定在義昭被逐出京都之後，室町幕府即告滅亡。但義昭遭到放逐後，依舊以將軍之姿行動，也持續對身邊的大名帶來影響。之後義昭倚靠毛利氏，還拉攏上杉謙信等人，試圖再次構成信長包圍網，積極行動希望重振將軍家。

然而，一五八二年（天正十年）信長在本能寺遭到明智光秀襲擊後自殺身亡。之後秀吉站上了天下人的地位，義昭身為將軍的光環也喪失殆盡。義昭晚年得到秀吉授予在山城國槙島（今京都府宇治市）的一萬石領地，但在沒有指定接班人之下，於一五九七年（慶長二年）過世。

諸位大名不再需要「足利將軍家」，讓重振將軍家的希望就此破滅。

幕府一直沒有滅亡的理由——全靠威望守護

應仁・文明之亂以及明應政變發生的一四〇〇年代中葉到後半這段時期，由獨立於幕府的各地守護影響政局。

實質上將日本統治交付給守護的幕府，因為守護的反叛而失去了「軍事力」與「經濟力」，尤其足利將軍家更是名存實亡。為了不讓守護影響政局，將軍是否不該過於信賴守護，而應增加自己的直轄領地，具備自身的軍事、經濟能力呢？但歷代將軍都沒有試圖增加過直轄的領地，或許就算想要拓展也沒能成功。

話說回來，在將軍失去實權之後，幕府仍過了將近一百年才滅亡。在這段期間也有不少像是細川政元、三好長慶等與將軍敵對的勢力，為什麼將軍都沒被殺掉、幕府還能持續下去呢？

答案據說是因為在守護與戰國大名之間，認為「足利將軍的威望」仍未完全消失。將軍即使失了實權，還是難捨「足利將軍是武家之首」的感覺。

因為有這樣的社會觀感，一般認為與將軍站在同一陣線就會變強，而害怕與將軍為敵。就算不具軍事力，但將軍的權威仍然能讓各方勢力在某種程度上服從，而忠誠侍奉將軍的家臣，在武家與公家之間也會獲得好評。

另一方面，將軍本身也會利用自己的威望。與多位大名積極交流的第十三代將軍義輝就是箇中代表，他不斷反覆以因應社會需求的活動來圖生存。

只不過，足利將軍就算與當時具有實力的陣營合作，雙方的關係也會不斷破裂。原因很多，像是「因為身為將軍的自尊，想以武家之首親手掌控政務」、「數度出現擁立將軍對手，也就是下任將軍候選人的勢力」、「將軍對於後盾（細川氏等人）的軍

此時此刻的世界大事？

1572年波蘭的雅蓋洛王朝滅絕

曾在東歐以繁榮強國之姿的立陶宛大公國與波蘭王國等國，1386年聯合組成了雅蓋洛王朝（Jagiellonowie）。在1572年斷絕了王位繼承者之後，王朝也告滅絕。接下來國家勢力逐漸走下坡，國土更遭到切割後消滅無存。

事實力感到擔憂」等。

這些原因在義昭遭到信長放逐時也是一樣的。據說，一開始信長並不打算取代義昭成為統治全局的「天下人」，甚至在放逐義昭後，信長仍請求要回到領地。然而，在返回領地交涉時義昭的態度強硬，導致談判破裂，才讓信長持續擴大勢力。後來信長的勢力甚至強大到沒有其他「擁立義昭與信長對抗」的勢力出現。各方勢力反倒認為「只要服從信長就能保有領地」，不如服從信長並利用他的軍事實力。

此外，信長展現出自己的「天下人」之姿，連左大臣、右大臣等高官也成了他的囊中物。

由此可知，信長在軍事及朝廷地位等方面都有壓倒性的優勢，另一方面，足利將軍則威望盡失。

在「本能寺之變」信長死後，秀吉將信長建立的軍事力、地位更進一步提升，最終完成統一全國並就任關白大位。秀吉更將晚年的義昭當作「家臣」，釐清了雙方的上下關係。

家康同樣保有強大的軍事實力，並且就任征夷大將軍，站上武家的頂點。在他確實掌握江戶大權之後，展現明確的態度，順從者即可確保地位，對於忤逆者則毫不容情。

既然信長、秀吉、家康都已超越了足利將軍，將軍自然再無立足之地。

戰亂激發出的能量——室町時代的遺產

室町時代發生過南北朝動亂、應仁・文明之亂等，是個戰亂頻仍的時代，估計有大量的傷亡者，政局也非常不穩定。政治上的失策、接二連三的天災，加上氣候變化導致庶民窮困，京都的治安也變差。京都荒廢，甚至出現許多餓死的飢民，不可否認在某方面算是一個黑暗的時代。

即使如此，除了庶民、武士之外，公家、僧侶等各個階層都堅忍挺過了那個艱苦的時代，而這些人「活下去的能量」也連帶留下很多給後世的遺產。

京都固然荒廢，但藉由從室町幕府自立的各地守護大名、戰國大名之手，完成了「地方自治」。大名保衛領地，並且各自強化軍事、經濟實力，促進繁榮。日本各地出現了強力的地方政權，在應仁・文明之亂後，這些地方也成了文化人士逃亡的目的地。文化人士將京都文化帶到地方，以城下町為中心帶領地方繁榮。城下町的繁榮在江戶時代藩制出現後也大致延續，不少到了現代搖身變成各個都道府縣的代表城市。

庶民也為了能撐過戰亂時代，組織了惣村、鄉村，團結起來。村與村的連結隨著室町時代走到尾聲，也往瓦解的方向行進，但村的自治性格卻延續到了江戶時代。

地方成長與庶民合作連帶促進了「商業的活絡」。因為農業技術的發展，能夠栽培像是構樹、桑樹這類經濟作物，建立起商品流通、生產體制。大名、朝廷與寺社皆都保護工商業，也是在這個時代發展出同業組織的「座」。

然而，商業發展加速下連帶出現具有免稅、專營等特權的座，與新興商人之間形成對立。城下町等地發布不認可座之特權的「樂市樂座令」，使得座朝向瓦解的方向發展，漸漸式微。國內外交易活絡下出現的新興商人稱為「豪商」。江戶時代初

自室町時代繁榮的政治都市（城下町等）

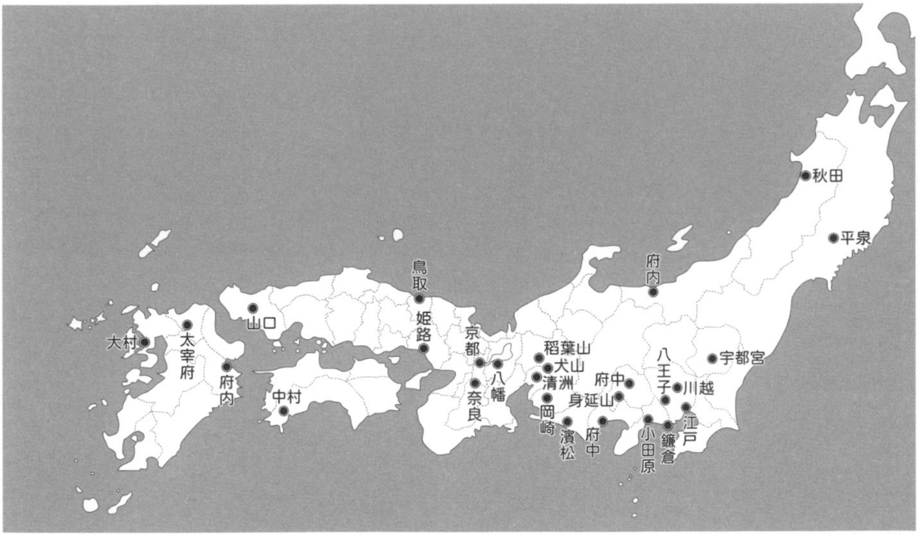

期豪商曾一度衰退，但自江戶時代中葉，豪商勢力又再次崛起，甚至到了明治時代之後，還有人成為資本主義社會的推手。

在文化、宗教方面，隨著禪宗與天主教的流行，連帶讓中國、歐洲等世界文化傳入日本。來自中國的水墨畫、書籍，在經過日本風格的翻譯、重整之後，逐漸融合為在地的日本文化。至於來自歐洲的文化，一部分在鎖國的狀態下仍潛藏於社會之中。

另一方面，發展出日本特有文化也是室町時代的一項特色。第三代將軍足利義滿鍾愛的「能」、「狂言」等，即使在現代日本仍是受到極高評價的傳統文化；此外，第八代將軍足利義政宅邸使用的「書院造」，成為近代之後和室的原型等，換句話說，這也可說是誕生許多所謂「日本風格」的時代。

然而，在一開頭曾提過，室町時代由於有各方勢力混入，錯綜複雜，常讓人認為是個難以理解的時代。另外，室町幕府是個與南朝天皇作對的政權，還遭到現代人很喜愛的織田信長推翻，因此同時也是個幕府評價極低的時代。然而，即使只是想要了解織田信長等戰國大名、武將，以及一窺他們活躍的年代，也少不了對室町時代的理解。因為信長成為天下人的過程，與室町幕府錯綜複雜的環境可是大大有關。

此外，這裡頭提到的歷代將軍，人人也都為了生存使盡全力。近年來，這些在困境中奮鬥的將軍與幕府關鍵人物逐漸受到關注，不少針對他們重新評論的研究愈來愈多，在社會上廣受矚目。

接下來還會持續受到關注的室町時代，在讀完本書理解概要後，請各位嘗試解讀自己心目中的室町時代。

年表

這是可以交互對照「室町時代大事」與「世界大事」的年表。

年代	室町時代大事	世界大事
1336	・足利尊氏制訂建武式目	・英法百年戰爭開戰（1337～1453）
1338	・尊氏成為征夷大將軍	
1348	・楠木正行在「四條畷之戰」戰死	・中國紅巾之亂開始（1351）
1359	・九州最大戰役「筑後川之戰」爆發	・元國滅亡，明國興起（1368）
1378	・足利義滿將幕府移到花之御所（室町）	・羅馬教會出現大分裂
1392	・南北朝統一	・李氏朝鮮建國
1399	・大內義弘引發「應永之亂」	・明國燕王起兵，開啟靖難之變
1402	・義滿以日本國王身分接受明國詔書	・明國永樂帝登基
1404	・日明貿易（勘合貿易）開始	
1419	・李氏朝鮮攻擊對馬（應永外寇）	・在波希米亞爆發胡斯戰爭
1428	・「正長德政一揆」從京都、近江擴散	・尚巴志建立琉球王國（1429）

←南北朝時代→（1336–1392）

年代	日本	世界
1439	‧足利持氏引發「永享之亂」	‧聖女貞德解除法國奧爾良圍城戰（1429）
1441	‧赤松滿祐殺害將軍義教引起「嘉吉之亂」	
1447	‧山城西岡民眾發動德政一揆，火燒京都	‧東羅馬帝國滅亡（1453）
1457	‧阿伊努人群起對抗和人「胡奢魔犬之戰」	‧英格蘭爆發薔薇戰爭（1455）
1467	‧「應仁之亂」開始	
1485	‧山城國一揆開始	‧英國亨利七世開啟都鐸王朝
1488	‧一向眾徒統治國內的「加賀一向一揆」	‧西班牙探險家皮薩羅消滅印加帝國（1533）
1543	‧鐵炮、火器傳入種子島	‧哥白尼發表地動說
1549	‧沙勿略來到日本，傳入天主教	
1553	‧上杉謙信對武田信玄的「川中島之戰」開戰	‧蒙兀兒帝國阿克巴大帝登基為王（1556）
1560	‧信長於桶狹間之戰擊敗今川義元	‧伊莉莎白一世登基（1558）
1568	‧織田信長擁立足利義昭入京	‧法國宗教戰爭爆發（1562）
1570	‧姊川之戰	‧歐洲爆發勒班陀戰役（1571）
1573	‧信長驅逐義昭，室町幕府滅亡	‧波蘭等國聯合組成的雅蓋洛王朝滅絕（1572）

←戰國時代→

参考文獻

《詳説日本史研究》佐藤信／五味文彦／高埜利彦／鳥海靖（山川出版社）
《詳説世界史研究》木村靖二／岸本美緒／小松久男（山川出版社）
《中世社会の成り立ち》木村茂光（吉川弘文館）
《躍動する中世》五味文彦（小学館）
《元寇と南北朝の動乱》小林一岳（吉川弘文館）
《モンゴル襲来の衝撃》佐伯弘次（中央公論新社）
《後醍醐天皇のすべて》佐藤和彦／樋口州男（新人物往来社）
《図説室町幕府》丸山裕之（戎光祥出版）
《室町幕府将軍列伝》榎原雅治／清水克行（戎光祥出版）
《室町時代人物事典》水野大樹（新紀元社）
《観応の擾乱》亀田俊和（中央公論新社）
《南北朝武将列伝 北朝編》亀田俊和／杉山一弥（戎光祥出版）
《南北朝武将列伝 南朝編》亀田俊和／生駒孝臣（戎光祥出版）
《南朝研究の最前線》日本史史料研究会監修／呉座勇一編（洋泉社）
《室町"日本国王"と勘合貿易》橋本雄（NHK 出版）
《偽りの外交使節》橋本雄（吉川弘文館）
《足利義満と京都》早島大祐（吉川弘文館）
《室町の平和》山田邦明（吉川弘文館）
《室町人の精神》桜井英治（講談社）
《日本仏教史 中世》大隅和雄／中尾堯（吉川弘文館）
《図説享徳の乱》黒田基樹（戎光祥出版）
《戦国大名と一揆》池享（吉川弘文館）
《一揆の時代》榎原雅治（吉川弘文館）
《応仁の乱》呉座勇一（中央公論新社）
《日野富子》田端泰子（ミネルヴァ書房）
《戦国大名》黒田基樹（平凡社）
《天下統一とシルバーラッシュ》本多博之（吉川弘文館）
《真説 鉄砲伝来》宇田川武久（平凡社）
《サビエルの同伴者アンジロー》岸野久（吉川弘文館）
《フロイスの見た戦国日本》川崎桃太（中央公論新社）
《天下統一から鎖国へ》堀新（吉川弘文館）
《足利義輝・義昭》山田康弘（ミネルヴァ書房）
《織田信長》柴裕之（平凡社）
《世界大百科事典》（平凡社）
《ブリタニカ国際大百科事典》（ブリタニカ・ジャパン）

國家圖書館預行編目資料

一冊讀懂室町時代／大石學 監修；葉韋利 譯
——初版.—— 新北市：遠足文化事業股份有限公司，
2024年3月
224面；14.8×21公分
譯自：一冊でわかる室町時代
ISBN 978-986-508-285-7（平裝）
1. 日本史 2. 室町時代

731.251　　112022416

輕鬆掌握日本三大幕府 3-2

一冊讀懂室町時代

一冊でわかる室町時代

監　　修　大石學
譯　　者　葉韋利
責任編輯　賴譽夫
美術排版　一瞬設計
協　　力　比企貴之（國學院大學　研究開發推進機構）
日版構成　常松心平、古川貴惠（303BOOKS）、齊藤颯人
日版設計　倉科明敏（T. デザイン室）
日版文字　齊藤颯人
插　　畫　坂上曉仁
日版圖表　竹村朋花（303BOOKS）

編輯出版　遠足文化（讀書共和國出版集團）
行銷企劃　張偉豪、張詠晶、趙鴻祐
行銷總監　陳雅雯
副總編輯　賴譽夫
發　　行　遠足文化事業股份有限公司
23141 新北市新店區民權路 108 之 2 號 9 樓
代表號：（02）2218-1417　傳真：（02）2218-0727
客服專線：0800-221-029
Email：service@bookrep.com.tw
郵政劃撥帳號：19504465
戶名：遠足文化事業股份有限公司
網址：http://www.bookrep.com.tw

法律顧問　華洋法律事務所　蘇文生律師
印　　製　韋懋實業有限公司
初版一刷　2024 年 3 月

I S B N　978-986-508-285-7
定　　價　360 元